JN410345

2015
경남문학
자선대표
시 선 집

경상남도문인협회
Gyeong Nam Writers Association

김연동
경상남도문인협회 회장

꽃 피고, 꽃 진 자리

경상남도문인협회 회원들의 자선 대표작 선집을 엮는다. 문인은 문학 작품으로 말하는 것이다. 그러므로 얼마나 많은 작품을 썼느냐가 아니라, 얼마나 좋은 작품을 가졌느냐가 중요한 것이다. 그러므로 이번 자선 대표작 선집은 경남 문인들의 작품 수준을 가늠할 수 있는 의미 있는 선집이 될 것이다.

경상남도문인협회가 1996년 《경남문학 대표선집》 작업을 하여 전 6권의 전집을 발간한 바 있다. 이는 "경남문학사적 기념비가 아닐 수 없을 것"이라고 당시 전문수 회장은 발간사에서 밝혔다. 그런 후 20년이 흐르는 동안 경상남도문인협회는 《경남문학》을 통해 회원들의 작품을 발표하는 지면을 제공해 왔지만, 재정적 한계를 극복하지 못한 가운데 이렇다 할 대표 작품집 하나 제대로 기획하여 펴내지 못해 왔다.

그러다가 올해 사업으로 신청한 문예진흥원 기금 일부를 확보하게 되어 운문부문과 산문부문의 자선 대표작 선집 2권을 기획하였지만, 기획한 2권의 발간비 확보가 여의치 않아 먼저 운문부문(자유시, 시조, 동시) 1권을 펴내게 되었다. 아쉽지만 산문부문은 다음 해의 사업으로 미룰 수밖에 없는 형편임을 회원들께서 이해해 주시리라 믿는다.

제출받은 자선 대표작 3편을 모두 다 편집하려고 하였으나, 이마저 지면 관계로 다 실을 수 없어 1편을 가려 뽑는 작업을 하였다. 그러니까 본 선집에는 대표작 중의 대표작이 실린 셈이다. 시인의 측면에서도 게재된 시는 타인의 시각에서 바라본 대표작으로서 의미 있는 작품이 될 것이다.

선고 위원 네 분이 맡아 수고해 주었다. 바쁜 시간 내어 주신 선고위원 네 분께 감사를 드린다.

시
poem

시조
sijo

동시
children's poem

꽃 피고 꽃 진 자리

어둠이여

| 강 득 송

황막한 우주에
커튼을 재껴야 할텐데
열려지지 않아 고독의 공기를 마시는 날
누가 빛으로 나를 깨워 주십니까?
문질러도, 문질러도
열려지지 않는 이 어두운 눈이여
공허하여, 공허하여
수면에 운행하는
그 힘이여
이날도 다 같이 공허를 벗자
고독의 긴 시간이 가기 전에
스스로의 힘으로 불가능한 이 어두움 제거하자

어떻게 하지

강득송 월간 《한국시》 신인상. 시집 《메마른 땅에 단비 내리고》 《고향, 그건 그리움이다》 등

화 두

—금당*에서

| 강 지 연

뭉게구름도 쉬어갈 것 같은 돌탑 위
허공에도 눈이 있어 마음 쪼개지 말라는
높고 깊은 혜능의 말씀

유랑과 회귀의 반복으로
자주 무상無常을 되새기는 버릇이 있어
고즈넉한 깨침의 길은 어디인가!
선문답을 하듯
먹뻐꾸기 울음이 내게 묻는다

처처 골골 우레 같은 물소리
산중의 적막을 깨고
끝없는 여정의 순례자로
생각의 파고 높은 날

무방향의 바람 속에
마음 둔 지 오래인
쓸쓸한 선탑禪塔 아래
육조의 법맥이 푸르다.

*쌍계사 내 혜능 스님 정상을 모신 곳.

강지연 1991년《시와 의식》등단. 시집《금등 하나 켜고》

모 향

| 강 홍 중

짝짜꿍 짝짜꿍
젖 향기 가득한 봄

고사리 잼잼 분꽃 곤지곤지
딱새 둥지 까꿍까꿍
산들바람에 실버들 도리도리
우물 개구리 업비업비
외양간 송아지 서마서마

포근한 자연의 품속
향긋한 젖줄 물린 대지

온갖 재롱부리고 놀던 손녀
팔베개 곱게 잠든 꽃봉오리

어느 세월 지나
등 굽은 고목에
한 아름 안길 꽃다발의 환희

새근새근 손녀의 숨소리 귀에 담고
풋잠에 꿈을 다듬는
배고픈 내 영혼
시의 젖꼭지를 물고 잠이 든다

강홍중 2005년 《한국문인》 신인상. 시집 《은빛 그리움이 가슴에 뛸 때》 《민들레의 꿈》

어떤 마을

| 강 희 근

서켠엔 천왕봉이 버티고 있어
어찌할까
무슨 수로 해가 질지
질 일이 걱정인 마을,

해 진다는 말 없고
어둑발 내린다는 말 있을 뿐이라서
불 켜고 시 읽기 죄스런 마을,

오막살이 몇 점
고샅길 하나!

강희근 1965년 서울신문 신춘문예 당선. 시집 《연기 및 일기》 《풍경보》 《새벽 통영》 외

그림자 2, 새

—크리스티앙 볼탕스키에게*

| 고 영 조

새 한 마리 날고 있다
새 두 마리 날고 있다
한 마리는 공중에
한 마리는 땅 위에
커다란 날개를 펄럭이며
날고 있다
이 나무에서 저 나무로
이쪽에서 저쪽으로
날고 있다
날으다 문득
고욤나무 가지에 앉을 때
땅 위를 날으던 그림자도
사뿐히 날개를 접고 새의 몸속으로
들어간다
언제부터인가
새 두 마리가
고욤나무 가지에 앉아 있다
어제보다 가지가 약간 더
휘어져 있다.

*유대인 설치예술 작가, 그림자놀이로 유명함.

고영조 1972년 《현대시학》 등단. 시집 《귀현리》 등 7권

산山에서

| 공 정 식

산山에는 생생한 침묵이 있습니다.
산山에는 싱싱한 생명이 있습니다.
산山에는 높고 깊은 사색이 있습니다
산山에는 맑고 고운 소리도 있습니다

산山골 아침은 맑은 햇살이
잔잔하고 은은히 안아주는
하늘과 흰구름은
움막 자락 감싸줍니다

산과 하늘 그리고 움막엔
사계절이 스쳐간 자리
알알이 채워주는 삶의 보람을 줍니다

파아랗게 고인 삶이
병풍같이 둘레 고운 소리에
기旗빨처럼 펄럭이는

이 땅에 생성이요
크고 큰 의지는 언제나 한결…

공정식 1972년 《풀과 별》 등단. 시집 《흙 속에 詩 속에》 《나는 멍텅구리올시다》

남쪽나라로 간 매미*

| 곽 병 희

배기가스와 굴뚝의 매연이 오존층을 꿰뚫어가자
아웃사이더였던 자외선이 대기권의 중원을 차지하면서부터
불협화음은 가열되었던 것이리
남태평양의 따가운 햇빛과 거친 빗줄기 또한
만만하게 놔두지 않아서인지 등쌀을 견디지 못한 그
시위를 당기고 당겨가고 있었던 것이리
최대의 반경에서 시속 40㎞의 화살을 쏘아버리고 말았는데
벌겋게 얽힌 핏줄, 커져버린 동공으로
어느 날 바다 위를 자기도 모른 채 달려가고 있었으리
안테나 빠른 대형 어선은 포구로 숨어들어 몸을 사렸지만
알면서도 느렸던 통통배는 희생의 제물인 양
냅다 먹이가 되었네
이윽고 잃었던 고향 땅에 오를 무렵
다시 한번 날개를 파르르 떨었네
바닷물을 덜컹 퍼부어 올림을 신호로
손에 잡히는 건 닥치는 대로 울부짖으며 던지고 부수어 갔네
사람들은 숨죽이며 눈치만 보고 있을 동안
한때 이웃이었던 나무가 가는 손으로 잡고 안아 뒹굴었고
힘센 산도 온몸으로 안아 만류했으며
무엇보다 대륙에 고집스레 버티고 섰던 고기압의 쾌청한 정신에

주눅이 들어 성깔을 차츰 죽여갔지만
야자나무 사이에서 두 눈동자를 다시 풀어가는
먼 이역의 타향 어디서도 쫓겨난 슬픈 기억 하나

*매미 : 2003년 9월에 우리나라를 강타했던 태풍으로 큰 피해를 있었다.

곽병희 2003년 《한국문인》 등단

주남의 밤

| 곽 송 자

이미 철새들은 섶으로 들고
가로등 하나 없는 주남은 사람들 발길에 차이고 차인다

정신 빠진 사람인 양 혼자란 생각은
이미 주차장에 빽빽이 들어선 차량들로 가늠해본다

코스모스길을 걷는다
암흑천지 아무것도 보이질 않아
그래도 무엇이 좋은지 행복한 비명이다

이미 누워버린 채
그래도 그들은 방긋 웃고서 객을 맞는다
코끝을 스치는 코스모스 향이 달다

밤바람과 인파들은
행복을 달고 온다
이렇게 또 한 해가 기울어져 감에.

곽송자 2007년 《한울문학》 등단

문고리

| 곽 향 련

방문 손잡이가 헐렁하다
나사를 조여야지, 생각뿐
차일피일 미루었다

누군가 예민한 촉수를 건드리고
문을 쾅, 닫고 나갈 때는
불끈, 저항하다가도 스르르 놓아 버리는 손잡이
쇳덩이처럼 싸늘한 침묵으로 견디었다

한때는 먼 세계를 넘나들 것이라고
수천 번 몸을 열었다 닫았다
마음을 열고 제끼는 남편과 아이에게도 때때로 서늘한 법
말할 수 없는 외로움과 아픔을 꽉 쥐고 있다

바람과 햇살의 지문까지 낱낱이 읽는
저 고요한 고집
벽처럼 굳은 몸으로 안과 바깥의 풍경을 이어 준다

문고리를 붙잡고 호된 산고를 겪은 아낙은
억새머리가 되고
어느 날 저 문을 열고 또 다른 문으로 들어갈 준비를 한다
그 먼 곳,
그 나라의 문고리를 잡기 위해
어머니는 오늘 영정 사진을 찍으셨다

곽향련 2004년 《문예사조》 등단. 시집 《파손주의》

겨울안개

| 권 경 식

한 줄기 빛 앞에서도 자꾸 흐려지며
버둥거리며 살아왔듯이
소용돌이치는 날이면 잔뜩 끼어있는 안개는
혹시나 부르지 않을까 어렵사리 버티어 보지만
여릿여릿한 거스러미들로 사라져야만 하는 애잔한 편린들이다
이제는 꿈마저도 흐려지며 목이 메이고
앞이 보이지 않는 계단 없는 비상구는
뒤가 터질 듯 심상치 않은 지푸라기 같다
떠밀려 들이대며 뒤쫓아 오는 힘에
뒤뚱뒤뚱하지 않으려고 와들와들 움츠려보지만
이내 곤두박질하며 사라지고
꿈마저도 와그르르 버려야 하는 것이 애달프다
오염으로부터 자유로울 수 없는 이 막막한 허상경계에서
서로가 부대끼며 바둥바둥 살아야만
어두운 그늘에서도 서로의 모습으로 닮아가지
천국은 아니다만 그곳에서만이라도
겨우내 살포시 고개 든 여리고 여린 싹은
누구도 침범하지 않는 곳에서
시간이 지나면 아름다울 수 있게
시간이 지나도 담을 수 있게

때로는 버려야 할 때도 담을 수 있게
언제나 이것보다 더 정확한 것이 없다
너일 수만 있다면
가장 완벽한 세상 모두가 네 안에 존재한다면
미래 과거 또한 지금도 움츠러지고
네 있는 이곳
어쩔 수 없이 열구름 위로 살았는지조차도 모르게
깔아뭉개져도 굽히지 않고
오늘도 안개 자욱한 바닥자식들의 자유해방을 위해
둘이면서 하나인 목숨 되어
보이지 않는 한 줄기 빛 앞에서도 궤적으로 남긴다
바람 부는 대로 물결치는 대로 떠돌며
너에게 있는 난
나에게 너 있다고
네 아픔 속에 있는 응어리는
흙탕물에 풀어놓고
아리랑 노랫가락처럼 면면히 흘러 살고지게

권경식 2005년 《월간문학》 및 《문학세계》 등단. 시집 《도시의 가면》

반전反轉

| 권 선 숙

전봇대에 덕지덕지 붙어 지내던
사글셋방 있음이 비바람에 젖고
하숙생 구함이 축 처지고
주방 아줌마 급구가 떨어지더니
과외 구함 곁에 무참하게 눕는다
미처 바람에 쓸려가지 못하고
땅바닥에 엎드려
빗물에 입 맞추는 전단지
가난이라는 이름표를 주워드는 몸짓이
서글퍼지다가 편안해진다
삶이 낮게 엎드리는 순간
가난의 어깨는 더 이상 움츠릴 게 없어
빗소리에 귀 기울인다

삶의 매력은
수시로 반전되는데 있다며
비 그치고 나자
몸의 아픔이 마음의 아픔에게 나가라 한다

권선숙 개천문학 신인상 당선, 《시를 사랑하는 사람들》 추천. 시집 《꽃 피면 통화중이다》 《손수건 말하다》

내 생에 소중한 사람

| 금 동 건

내 생에 소중한 사람은 어머니
어머니의 위대함은
탑으로도 쌓을 수 없는 위대한 사랑
위대한 사랑은 자식이 지은 죄
다 품어주고 포용해주는
태산같이 넓고 소중한 사람
하늘이 내려앉고 땅이 꺼진다 하여도
자식과 가족을 먼저 손 내밀어
겨드랑에 품어줄
내 생에 소중한 사람 어머니.

금동건 2006년 《시사문단》 등단. 시집 《자갈치의 아침》 《꽃비 내리던 날》

연 애

| 김　경

나는 꽃의 슬픈 살갗을 가진 탕아
편식주의자인 사내의 불길한 애인이다
애초 그대와 내가 바닥 없는 미궁이었을 때
얼마나 많은 바다가 우리의 밤을 핥고 지나갔는가

내 몸 어디에 앉을지 몰라
쩔쩔매는 미타산 저물 무렵처럼
나와 어떻게 이별할지 끙끙대는 어린 연애,
유리창처럼 닦아주고 싶은 저, 나이 어린 연애의 등

투정할 새도 없이 그는 가고
흰 배롱나무 꽃자리에 백악기의 새처럼 앉아
나를 살피는 연애,

아직 가보지 못한 라틴아메리카의 정글, 정글도 늙어 그
늙은 정글의 늑골에 두리기둥 박는 일만 같아
밤이 미타산으로 엉덩이를 슬쩍 걸치듯
그대의 호명을 기다린다

껍질까지 벗어던져야 돌아오는 연애
생의 난간 같은 연애,

김　경 1998년 《개천문학》 신인상, 1999년 경남신문 신춘문예 당선.
시집 《연애》 《붉은 악보》

서툰 사랑법

| 김 계 자

마음도 하늘도 흐린 날은
서학사 비켜간 오솔길 올라
조선소나무 그 늘푸른 사랑으로 폭풍우를 막으며
철쭉꽃 울타리 안에 조용히 누워 계신
할머니 할아버지께 간다

동그란 지붕을 덮고 있는
뿌리 깊은 아카시나무 뽑아내고
보랏빛 애기제비꽃과 함께
그 앞에 엎드리면
할머니의 하얀 치마폭이 나를 감싼다
사시사철 새하얀 치마만 입으시던 할머니
넓은 치맛자락 뒤집어
눈물 닦아 주신다

자식 사랑법에 서툰 나는
엄마가 되고 할머니가 되어도
서툴기는 마찬가지다

언제쯤 나는, 치사랑 내리사랑에 익숙해질까?
무학산과 합포만이 따스한 그리움을 불러
내 품에 안겨주듯
언제쯤 나는, 모든 사랑에 익숙한 몸짓이 될까?

김계자 2001년 《시와 비평&시조와 비평》 신인상

자식 사랑

| 김 근 숙

잴 수 없는 사랑의 길이로
달 수 없는 사랑의 무게로
그릴 수 없는 사랑의 모습으로
웃으며 마주 서는
넘치는 선물이여.

김근숙 1959년 여원문학상. 시집 《밤과 사랑의 의미意味》《그리고 그 겨울비》《오래된 원고》 외

갈대꽃

| 김 동 현

갈대는 억센 칼이다, 허공을 내리치는 날카로운 칼날이다
바람의 등을 향해 비수를 꽂는 솜씨 좋은 자객의 힘찬 손놀림이다
바람의 어깨를 물어뜯는 하이에나의 날카로운 송곳니다
바람의 강물 끝에서 만나는 쏴아아, 쏴아아 내리 쏟아붓는 푸르디푸른 폭포수다
아무리 물어뜯어도 생채기 하나 나지 않는 벽공碧空이다
아니, 푸른 피 줄줄 흘리는 낭자한 강물이다

이제는 휘움한 노회의 시선으로
삶을 흐릿하게 응시하며 펄럭이는 백발이여,
바람 한 점 없는 지금
바람의 살집을 가볍게 난도질하며 종횡무진 헤집던
과거를 추회하며
움직임 없는 한 폭의 정물화로 멀리 물러서는
표표한 회색빛 풍경.

김동현 시집 《사계의 미토스》, 저서 《한국 현대시극의 세계》

벗어 놓은 발바닥

| 김 명 이

늘 대문이 안으로 잠겨 있는 집
굳게 닫힌 대문을 두드린다.
할아버지 문 좀 열어 주세요.
인기척에 맨발로 마당을 질질 끌고 나오는 독거노인
발길 끊긴 지 오래된 대문이 삐그덕 열린다.

오줌을 모아 놓은 깡통
지린내가 방안에 가득하다.
전기밥솥 취사버튼을 누를 줄 몰라
죽도, 밥도, 술도 아닌 것이
노인을 늘 비틀거리게 한다.

털도 뽑지 않은 채 삶긴 통닭 냄비 밖을
구물구물 구더기가 물밥처럼 기어 다닌다.
별난 성미 탓에 유급 봉사원마저 발길을 끊었다.
강아지 한 마리만 노인 곁을 떠나지 않는다.

정신을 벗어 버린 맨발의 노인
노인이 키우는 강아지도 맨발이다.
노인이 먼저일까.
강아지가 먼저일까.
마당가에 벗어 놓은 저 발바닥.

김명이 2004년 《미래문학》 신인상. 시집 《그 사람이 보고 싶다》 《바다가 쓴 시》 《바다는 성추행을 해도 왜 죄가 되지 않을까》

꽃의 타지마할

| 김 명 희

해발 800고지 캄캄함 너머 더 멀리
그들의 불꽃같은 삶이 피었다
잠에서도 내려가는 막장
탄가루를 날리며 달리는 레일을 배경으로
검은 웃음 검은 땀 거뭇거뭇 닦으며
목욕탕 고깃간 선술집을 돌아
사내는 두툼한 입술의 여자와 꿈을 꾸었다
불보다 뜨거운 꿈
산과 산 가랑이를 휘적실 때
창가엔 검은 달빛이 출렁거렸다
싸늘한 블랙홀, 다시 불씨가 꿈틀거린다
하얗거나 보라 분홍 빨강
더러는 절명한 꽃잎 앞에서 바람의 이름을 쓰고
개와 고양이를 안은 순례자와 여행객은
꽃의 일이라고 쓴다
삶은 늘 타지 말아야 할 기차를 타는 것
막장 같은 어둠의 끝으로 달려가는 것
꽃의 발바닥 꽃의 심장이 쿵쾅거리는
저 거대한 황홀
폐광에 꽃이 피었다

김명희 1991년 《경남문학》 신인상. 시집 《향기로운 사하라》 《꽃의 타지마할》

낮과 밤

| 김 무 영

밤을 그저 낮의 연장선으로만 안다
낮에 있었던 일들이 고스란히 밤으로 이어져
하나도 낯설지 않게 할 수 있길 기도하고 있다
그래서 훤히 낮처럼 밝히고
낮처럼 떠들어 댄다

낮처럼 자동차를 몰고 낮에 그랬던 것처럼
수다를 떨기 시작한다
낮에 서 있었던 풀잎도 확인한다
친구들을 불러 모아 낮에 한 그 놀이를 한다
밤은 점점 깊어가는 데 낮의 기운은 아직

하늘 중앙에 머물러 있다
낮에 두고 온 정이 밤에도 그대로 이어져 있을까
자고 나면 새파랗게 잊혀져 있을 것을
오직 깨어있는 동안 모든 것이 연속이길 믿는다
적어도 내가 취하지 말아야 할 그 순간까지

내 정신은 낮이다

낮처럼 맑은 정신을 태양이 남긴 빛으로 밝힌다

낮에 그대가 내게 보낸 시선처럼

그렇게 남기를

낮과 밤에게 호소하는 거다

詩, 시리다를 위한 변명

| 김 미 숙

빈속에 사과 한입 베어 무니
이가 시큼 눈이 벌큼
밥을 먹어도 물을 마셔도 이가 시리다

오랜 인연 낡은 약속들
소장 지나 비장 췌장 틈 사이 깊이 묻어도
가끔은 위장 간장 거슬러 올라
관성처럼 반추되는 신물에 진저리 친다

어릴 적 머릿수건 사이로 반짝이던
엄마의 하얀 눈물 뼈 아빠의 땀 소금도
늑골 깊이 박혀 좀체 빠지지 않는다

사랑, 아픔, 기쁨 따위 너절한
삭아버린 관념의 찌꺼기들
유년의 산길 바위틈에 피어나는 제비꽃 추억도
생각의 무딘 이빨 사이에 끼어 보랏빛으로 시리다

사는게 시詩다
시가 온통 다 시리다

김미숙 1998년 《시와 시학》 등단. 시집 《탁발승과 야바위꾼》 《저승 톨게이트》 《멸치 공화국》 외

흑백*에서

| 김 미 윤

바람의 낮은 음계 계시처럼 다가와

지워버린 세월도 풍경으로 바뀐 곳

대천동 개울가 봄햇살을 잘게 빻아

신들림이 풀어낸 오방색 부적이여

떠나고 남는 것 또한 쉬운 일 아닌데

목청껏 부를 수 없어 그리움은 멀고

바랜 인연끼리 흑백 사진첩에 얽혀

추억 따라 시린 마음 되어 쌓일 때면

색인생 살다간 북청 사나이 떠올라

내 허기진 그곳엔 종일 벚꽃이 진다

*흑백 : 경남 진해에 있었던 클래식 다방.

김미윤 1986년 《시문학》 추천 · 《월간문학》 당선. 시집 《흑백에서》 《녹두나무에 녹두꽃 피는 뜻》 외

사월 섬진강을 지나며

| 김 미 정

내처 따라오는 그리움이다
풀고 또 풀어도
감기어 오는
섬진 배암강 긴긴 허리띠

지리산 산 그림자
하동河童처럼 첨벙이고
통통 해비늘 튕기는 은어
진달래 꽃불도 등 업혀 타다닥 튄다

터널벚꽃 마주 서서 혼례 올리고
길섶 농원 건강한 배꽃 하객들
튼튼한 치아로
백옥의 하얀 튀밥 웃음 쏟아낼 때

아아, 무지개현 햇살을 배고
초록 융단 일렁이는 사월 보리밭
비단결 머리 땋은 옛 소녀가
긴 머리 풀어헤치며 달려온다

모든 대문, 꿈으로 열려 있던 시절
생의 아침 같은 사월이
가슴 쓸며 눈물 글썽이며
금싸라기 빛살 지느러미 쳐온다

김미정 《문예사조》 등단. 시집 《그대 앞에 풀잎처럼》 《흙을 훔치다》 외

몽돌 바닷가에서

| 김 민 철

갯바위 안으며
우는 파도야
단내 나는 절규
하얀 거품아

거제 바다 외도에
낙조가 피면
아련한 첫사랑
붉은 모닥불

홍조 띤 여인의
좁은 등 위로
살풀이 은빛 너울
노란 달 하나

좌르르 좌르르
네 울음소리
뭇 별을 세이며
밤새 지친 그리움

김민철 2009년 《시사문단》 등단. 시집 《행복한 사람》 《노란 숲길》

그리운 나날

| 김 병 수

사랑이란,
그리움의 날개를 달고
맘 끝 간 데까지 다가가는 것인가
무언의 대화로 꽃향기 피울 수 있는
그런 나날이면 좋으리

아침 햇살 부비며 꽃 볼에 맺힌 이슬은
소녀의 눈빛 같은 반짝임인가
잡으려면 사라져 버리는
알 수 없는 모습을 만날 수 있는
그런 나날이면 좋으리

바람결에 속삭이는
잎새들의 뜨거운 밀어를 그 뉘라서 알 터인가
그리운 나날 유언 같은 낙화 소리를
누군가에게 전할 수 있는
그런 나날이면 좋으리.

김병수 1992년 《문학세계》 등단. 시집 《그리운 나날》 《당신의 사랑은 지금 어느 계절을 지나고 있습니까》

양배추 한 덩이

| 김 서 안

입을 앙 다물고 앉아 있는
두루뭉실하기만 한 그녀
깃털도 하나 없이
수수겹겹 수많은 생각과 노래를 이고 지고

내 불임의 언어를 닮았나 봐
금방이라도 어디론가 굴러 가버릴 것 같기도
저벅저벅 걸어와서 버럭 소리를 지를 것 같기도
때로 심란하다

쩡쩡 고독에도 금이 가고
겹겹이 껴입은 살점을
한 꺼풀 한 꺼풀 걷어내며
그녀 숲 사이를 뚫고 일어나 걸어 나오는
싱싱 맑은 문양의 저 눈빛들

얼마나 많은 바람이 다녀갔을까
노래 같기도 울음 같기도
한 덩이 득음 같은
저 몸짓

슬프게도 더 보태고 줄일 말이 없구나
어쩌면
한 덩이 근심 같은 그녀가
가을의 오후를 이리저리 흔들고 있다

김서안 1997년 《문예한국》 등단. 시집 《개옻나무의 변》 《산초 열매의 고백》

봄

| 김서인월

육교 밑 한 사내
온다
확 발효된 숨길

채울 수 없었던

거대한 몸짓 기우뚱
약이었다 병이었다 그림자 밟다가

헛걸음 놓는
사월도 중순.

김서인월 1995년 《문학공간》 신인상. 시집 《살아있음으로 쓸쓸한》

덫

— 가포에서

| 김 수 부

얼큰한어둠이휘감은가포의사월은거짓부렁을
잘근잘근씹고있다만위선으로몸가린해변의불
빛들능청스럽게내몸의백혈구로흐르네청춘과
남녀가번갈아지껄이고찬찬히들여다보면대한
민국의사월과가포의사월은동거중이네시방실
존의나는한세상을빠져나와내콩팥속의간절한
현실을비우기로하네이때지구의한끝이불쑥다
가와탱탱한가랑이를벌리고나의일부와지구의
일부가만나히죽히죽웃고있네연신가포의사월
은거품을일으키고어이없게도지구의거품에불
과했던반도의젊은이들이남루한차림으로하나
둘부우연밤하늘에몰려들어어느새한쪽벽면을
가득채운군상들이젖고있네이제보니금빛꼬리
를흔들며간신히바다에떠있는섬을청중삼아월
광소나타를연주하는가포의밤은이층양옥이네

김수부 1991년 《시문학》 우수작품상으로 등단

선반 매기

| 김 순 병

선반을 매어봤니?
세탁기 옆에 매어두면 편리하지
우선 기역자 받침쇠 두 개를 벽에 단디 붙여야 해
단단한 아파트 벽
못이 그대로 박히지는 않지
두 줄로 두 개씩 나란히 드릴로 구멍을 파낸 다음
받침대를 벽에 대어
강철못을 치고
판자를 얹어 고정시키는 거야
중요한 것은 말이야
이 모든 과정에서 구멍 없이는 안 된다는 거지
콘크리트와 쇠
쇠와 나무를 잇기 위해서
서로를 깎아내어 못에게 내주어야 한다는 것
드릴에 갈려 파이고
못이 박히는 아픔
서로 다른 것들이
그만큼 비워내기 위해
가슴을 도려내는 상처라야
비로소
야물딱지게 맺어진다는 것이야

김순병 2002년 《한국문인》 등단. 시집 《빌레에 앉아 부르고 싶은 노래》

기타 치는 노인처럼

| 김 승 강

노인의 기타 연주는 시원찮았다 공원에 가서 옛날 소싯적에 기타 좀 치신 분 손들어보세요, 한 뒤 뽑아 데리고 온 사람 같았다 양복은 말끔히 차려입었지만 오래전에 맞춘 양복이었다 그게 오히려 더 그럴듯했다 노인은 공원에서 뽑힌 뒤 집으로 돌아와 기타를 꺼내어 오랫동안 어루만졌다 기타를 잘 칠 필요는 없었다 노인이면 되고 기타를 조금이라도 칠 줄 알면 되었다 무대 위에 기타를 안고 앉은 노인 위로 한 줄기 조명이 떨어졌다 노인은 앙상한 손으로 기타줄을 뜯기 시작했다 베사메뮤쵸 베사메뮤쵸, 그때 무대 반대편에 또 한 줄기의 조명이 떨어지면서 젊은 여자가 나타났다 그 여자는 바이올린을 켜고 있었다 베사메뮤쵸 베사메뮤쵸, 젊은 여자가 노인이 앉은 쪽으로 바이올린을 켜면서 다가왔다 조명도 함께 움직였다 베사메뮤쵸 베사메뮤쵸, 두 사람을 따로 비추던 조명이 하나로 합쳐지면서 젊은 여자는 노인 바로 옆에 섰다 두 사람은 마주보며 함께 베사메뮤쵸를 연주했다 노인은 앉고 젊은 여자는 섰다 젊은 여자가 노인의 연주를 받쳐주고 있었다 그게 젊은 여자의 역할이었다 노인의 연주는 프로의 연주는 아니었지만 훌륭했다 한순간 바다 속같이 어두운 관중석에서 박수 소리가 터져 나왔다: 관중들은 기타 치는 노인을 보고 싶었다 공원에 가서 옛날 소싯적에 기타 좀 치신 분 손들어보세요, 한 뒤 뽑아 데려온 기타 치는 노인을 보고 싶었던 것이다 기타줄을 뜯으며 베사메뮤쵸를 들려주는 아주 오래된 노인을

김승강 2003년 《문학 · 판》 등단. 시집 《흑백다방》 《기타 치는 노인처럼》

가을 소묘 · 2

| 김 시 탁

사과나무가 제 팔을 아무리 벌려도
제 발등 찍는 햇살 받을 수 없네요
밑이 덜 익은 사과를 수확하던 농부는
땅바닥에 은박지를 깔아 반사된 햇살을
엉덩이 골 깊은 곳까지 찔러 넣네요
사타구니를 드러내고 얼굴을 붉힌 사과가
서둘러 뱃살을 채우네요
과수원 언덕에 서있던 모과나무 모과 하나가
외치질 걸려 밑구멍 닦던 이파리 한 장을
얼른 툭 떼어 버리네요.

김시탁 2001년 《문학마을》 신인상. 시집 《아름다운 상처》 외 2

캐논 인페르노

| 김 언 희

손에 땀을 쥐고 깨어나는 아침이 있다 손에
벽돌을 쥐고 눈을 뜨는 아침이 있다
피에 젖은 벽돌이 있다 젖은
도끼 빗이 있다
머리 가죽이 벗겨질 때까지 나를 빗질해대는
가차 없는 빗살이 있다 가차 없는 톱니가
있다 옆집 개를 톱질하고 온
전기톱이 있다 전기 톱니가 있다 섬뜩한
틀니가 있다 죽은 사람의 틀니를 끼고
씩 웃어 보는 자정子正이
있다 똥을 지리도록 음란한 자정子正이 있다 음란하기
짝이 없는 목구멍이 있다 입도 없이
나를 삼키는 목구멍
괄약근 없는
식도食道가 있다 대대로 물려받은 음탕한
괄호가 있다 그 괄호를 납땜하는 새파란 불꽃이
있다 내 배때기를 푸욱 찔러라 찔러 이 방
저 방 따라다니는 노모의 칼끝이
있다 밤새도록 콕콕콕
찍히는 마룻바닥이 있다 뒤통수가 있다 발이 푹푹

빠지는 거울이 있다 발이 쩍쩍 들러붙는
콜탈의 거울이 있다 거울 속에
시커먼 똬리가 있다 당신은
뱀에 감긴 사람이야
친친 감긴 채 살아 당신만 몰라
모르는 사람이 있다 모르는 손이 모르는
벽돌을 쥐고 진종일 떠는
하루가 있다 입에
담을 수 없는 곳에서 입에 담을 수 없는 것이 되어
눈을 뜨는 하루가 있다 내 혀가 뭘
핥게 될지 두려운 곳에서
내 두 손이 뭔 짓을
하게 될지
생각조차 할 수 없는 곳에서

김언희 1989년 《현대시학》 등단. 시집 《말라죽은 앵두나무 아래 잠자는 저 여자》 《뜻밖의 대답》 《요즘 우울하십니까?》 외

성산패총*을 엿보다

| 김 연 희

저 반듯한 지하 사각 속에
하얀 나비가 된 조가비 무덤
물레바퀴 소리 감겨든
청동기에서 통일신라까지 세월의 숲
압축된 흔적이 팽팽하다

소박한 삶이 손짓하는 깃발 아래
어망추, 방추차에 어리는 먼 달빛
고기잡이 뱃머리 토기 술잔 한 점 흔들리는
철썩철썩 끼룩끼룩 시간의 끝에 박제된
할아버지의 할머니의 할머니의 그 어느 바닷가

어금니 깨문 지 몇천 년인가
증발된 물거품도 켜켜이 살갗 맞대고
손거울처럼 마주보며 아직도 깊은 잠에 빠진
그 푸른 해조음이 꽃무늬 벽화처럼
꿈속에서 훨훨 날갯짓하는 듯.

*성산패총 : 경남 창원시 외동 남천가에 형성된 조개무지 유적.

김연희 2001년 《문학세계》 등단. 시집 《진료소의나날》 《꽃메아리》 《시간의 숲》

나뭇가지 끼리끼리

| 김 영 곤

왜 자꾸 팔 아프게 뻗어라 해요
그런 소리 작작거리지 말게나
펼쳐서 살갑게 손잡지 못하면
너 홀로 우뚝 선들 무슨 대수냐

김영곤 2000년 《문예한국》 등단. 시집 《골목길》

겨울 속에 숨은 봄

| 김 영 락

아

움츠린 네 동맥이 연약했구나
생명은 어두움을 밝혀준다지
추위에 익어진 세포는 되지 말아야 해
머뭇거림의 긴 겨울 체온을
설레임으로 덮는다
자연의 이치가 꿈틀거리고
아픈 망각을 솎아 내었다
소멸되지 않은 겨울 속 내음
봄향기 낚고
햇살은 세월을 엮는다
그건
긴 겨울 여독을 건져낸
생명줄 같은 봄의 향연
겨울은 이미 떠나고
그 속에 꺼지지 않는
영원한 태고의 약속이
봄으로 잉태되었구나.

김영락 2005년 《한국시》 등단

세렝게티

| 김 용 권

강의 이빨에 찢겨서라도
가야 하는 누떼가 있다

가다가 허방을 짚어
참 다행이다 싶을 때,
비로소 물길이 열린다

죽음이 떠도는 일방 통로에
구경꾼은 있을 수 없다

어떤 무리가 허겁지겁
건너온 마라강 쪽으로 머리를 돌린다
무리 속에 섞여있어야 할
한 마리가 보이지 않는 것이다

아무도 거역할 수 없는
세렝게티가 허락한 죽음의 형식

돌아다보고
다시 돌아다보고는
살아야 하는 초원 쪽으로 발길을 놓는다

무사히 다녀오너라
낯선 곳을 향해 집을 나설 적마다 나도,
자꾸 뒤를 돌아다보는 습성이 있다

김용권 2009년 《서정과 현실》 등단. 시집 《수지도를 읽다》

내 고향 샘이방천

| 김 용 칠

내 고향 샘이방천 꼬부라진 길목
오월의 햇살 아래 보리 익는 내음이
허기진 나그네를 불러 앉힌다.

뻐꾹새 울음소리 밭고랑 타고 오면
샘이방천 길목에 쉬던 각설이
밀 목댕이 꺾어서 비비다 간다.

내 고향 오월이면 얼요기로 끼를 잇는
내 어머님의 애한이 도리깨 소리 되어
방천 너머 들녘에 울려 퍼진다.

치맛자락 접어 코 닦아 주고
개떡 반 잘라서 오지랖에 싸주며
수제비 한 숟갈 더 떠주던 그 얼굴

바람에 구름 가고 뻐꾹새 철 따라가도…

샘이방천 냇물아
그 얼굴, 그 눈물
천년 두고 비춰다오 만년 두고 흘러다오.

김용칠 2005년 《문예한국》 등단. 시집 《내 고향 샘이방천》

나는 가끔 심심해지고 싶다

| 김 우 태

마지막으로 인간人間을 만들고 난
신神의 손도 이리 심심했을까

이파리
바람에 한껏 몸을 맡긴
오뉴월 감 이파리

해도 달도 구름도
얼굴 슬쩍 비춰보고 간지럽혀도 보는
뒤란 늙은 감 이파리

후두둑 장대비 멎고
낙숫물 소리
멀리 내닫는 황톳물 소리

조는 듯 마는 듯 턱 고임 하고
내 마음 굴렁쇠 따라
한정 없이 가보는 거다

장독대 비새란 놈은
뭐가 그리 심심해서
방정맞을 꽁지를 쉴 새 없이 콩닥거리는지

나도 짐짓 콩닥거려 보다가
문득, 하릴없는 놈!
장독이라도 깨보고 싶어지는 거다

여우비 분분
땅 내음 밀려드는 대청마루
길쌈하는 엄마 곁 배 깔고 누워
엄마 젖도 마냥 빨아보고 싶어지는 거다

이 멋대가리 없이 바쁜 세상에서
한 번쯤 심심해진다는 것은

한때 새였거나
이파리였거나
굴렁쇠였던 나를 만나는 거다

만나서,
심심한 신神을 졸라
까마득한 전설고개 넘고 넘어 보는 거다

김우태 1989년 서울신문 신춘문예 당선

추심秋心

| 김 원 식

만끽하고픈 여름
팔월이 지워질 즈음

느지막이
햇살 가득한 나절
추심秋心이
촉촉이 묻어날 때에

묵은 솔밭 짙은 숲 위로
시리도록 파란 가을 하늘

별을 줍듯
움켜잡은 손을
화알짝 펼쳐 보고픈 계절.

김원식 2004년 《좋은문학》 등단. 시집 《꽃처럼 물보라에》 《물빛 어린 산 너울》 외

빙 벽

| 김 일 태

내가 나의 칼이다
건드리지 마라
물이 되어 흐르는 나의 뜻 여기서 멈출까 싶어
결빙의 갈증에도 참고 있다

나는 시방 위험한 짐승이다*
이목구비
하나하나 날이 섰다
작은 금 하나에도
나의 칼들이 나를 벨 것이니

언젠가 빙점하의 내 분노가
너의 슬픔을 뜨겁게 만나는 날
무수한 이 칼들은 길이 되려니
글썽글썽 뜨거운 눈물이
우리의 발등 적시며 다시 흐를 것이니

나는 지금 너에 닿을 나의 수직을
내 몸을 얼려 오르고 있다

*김춘수 시인의 〈꽃을 위한 서시〉에서 빌려옴.

김일태 1998년 《시와시학》 등단. 시집 《코뿔소가 사는 집》 외

명태와 고양이

| 김 점 복

말린 명태로 쑥국의 다시 물을 끓였다
우려지는 명태는 옥상 빨랫줄에서
사나흘 하늘을 바다 삼아 물구나무섰다

명태 한 상자를 매단 빨랫줄은 활처럼 휘어지고
바람은 명태 사이를 오가며 바다 냄새를 날렸다

빨랫줄을 팽팽하게 잡아당기는 햇살
출렁이는 명태는 고양이의 코를 찌른다

육수가 진해질수록 고양이 하소연이 끓어오른다
뼈다귀 하나 던져줄 아량도 없느냐고 울부짖는 것 같아
욕심을 건져 통째 봄볕이 내리는 담벼락 앞에 놓았다

며칠 잠복하던 발자국이 눈치를 밟는다
입맛 다시는 소리가 나고
뼈다귀 담긴 파릇한 향이 몇 년 지기 의리를 먹는다

김점복 2008년《새시대문학》등단

지리산

| 김 종 두

산이
산을 깔고 앉아
산 위에 산이다

구름은
산을 안고 돌다
산마루에 머물고

바람은
골을 따라
산등을 밀고 간다.

앉아도 산
서도 산
가도 가도 산인데

하늘과 바람과 구름이
함께 어울려
산 위에서 넘실거리니

묵묵히 뻗어 누운
산도 흥겨워
거대한 산맥이 꿈틀거린다.

김종두 2001년 《문학세계》 등단. 시집 《새벽이 열릴 때》 《바람과 구름이 스쳐간 자리》 《아침 햇살 머무는 자리》

풋사랑

| 김 종 원

비 개이고 주점에서 잊고 나온 우산 같은 것
짝 잃은 싸구려 벙어리장갑 같은 것
어쩌다 옷깃 한번 스치고 받아둔
기억 까마득한 명함 같은 것
미련도 아쉬움도 없는 계륵鷄肋 같은 그런 인연
그러나 생각하면 씹어 떱떨하고 사각사각
신물 나는 그런 사랑 겨울나무 가랑잎 같은
내 기억의 가지 끝에서 떠나지 못하고
아슬하게 대롱거리는 한 잎의 사랑

김종원 2006년 《창조문학》 등단. 시집 《연》 《지심도 동백꽃》

백내장

| 김 주 경

커튼이 내려오며 연극은 끝이 났다
느닷없이 통보받은 이별의 그날처럼
관객도 주인공도 이젠,
내 몫이 아니란다

함부로 탕진해 버린 시간의 얼룩들로
너무 일찍 마감된 내 삶의 에필로그
어둡에 갇힌 오늘이여
기다린다,
커튼콜

김주경 2004년 《시선》 신인상

강매江梅

| 김 진 현

날 저물고 물길 지워지면
강가에 매화나무 총총히
길 나선다.

이별, 사람 사는 세상에서
만날 보는 일상이거늘 강은
어느 물길로 가자고
나를 재촉하는가.

사랑, 더러 생채기 속에서도 자라
밤새 일기장에
비 뿌려도

지울 수 없는 이름 하나
침묵의 강 건너고 있다면, 아직
강가에 매화나무는
내 심장에 남아 있었어.

김진현 2005년 《문학세상》 등단

비밀이다

| 김 혜 숙

오래도록 가부좌하던 난분
우러러보던 근심 한 줄기가
입술을 연다
필시, 내게 할 말이 있을 터,
곡진한 기다림에게
낮고 여리게 말하고 싶은 거
작은 종소리 울린 것 같아라

실눈 뜨는 눈언저리
촉촉한 슬픔기 알아채는
애간장 저리는 가만한 때
홀로
한 겹 유한을 여는구나
깊은 비밀이 생기는구나
너무 고운 비밀은 아픔이구나
애잔한 사랑은 더디게 더디게 오느니

밤 깊자
귀뚜리 한 마리 또르르 굴러와
별빛 몇 데리고 들어선다

김혜숙 1988년 《현대문학》 추천 완료. 시집 《너는 가을이 되어》 《내 아직 못 만난 풍경》 《바람의 목청》

추억하다

| 김 혜 연

당신 부탁해요 이곳에 구마산 역 광장이 있었어 제비라는 예쁜 산도 근처에 있었는데 따위 식상한 추억은 늘어놓지 마세요 이야기에 묻혀 전학 온 초등학교 5학년 무렵을 꺼내놓아야 하고 이름 낯선 월남다리 개천 따라 온천목욕탕 입구에 도착할 때쯤 뿔뿔이 흩어진 친구 이름과 저녁 늦게야 오색불이 켜지는 홍콩빠 예쁜 언니들 모습도 기어이 떠올려야 해요 동네 유일했던 구둣가게 과일가게 지나 어릴 적 우리 집은 찾을 수 있나 어렵게 가늠하는 동안 그래요 대합실 나무의자에 눌어붙은 껌처럼 덕지덕지 오래 묵은 기억의 배경 속을 긴 소설처럼 읽고 다시 읽는 수고로움에 빠져야 한다는 말이지요 그럼에도 당신 몇십 년 거슬러가 긴 머리에 하얀 얼굴 대신 주름진 저를 만나게 해주신다면 따따부따 옛 시간 기어이 오늘에서 상기시켜 주신다면 못 이기는 척 은근슬쩍 함께 자리할지도 또 모르지만 말이지요

김혜연 1993년 《시와시학》 신인상. 시집 《음각을 엿보다》

황소 푸른 들을 그리다

| 남 기 태

달리고자

눈망울 가득
잃어버린 세월 담고
슬픈 역사 잠재우다

달구지 요란하게 팔도를 내 집처럼
장마당 헤집고
노인 닦달해 쟁기질하며
목동 어울린 추억들

비켜간 세월과
이밥에 고깃국도
갇혀서 서럽고
억울해서 울음 운다

이 밤
달빛 벗하여 떠나자

남기태 1977년《시와 의식》신인상. 시집《은빛의 아침》《감꽃》《희망연가》외

시인의 나라

| 류 재 상

바람 속에 시원한 나라를 하나 세울래요, 시인의 나라를
세울래요, 국호國號는 그냥 아름다운 장미꽃으로 할래요
온통 그윽한 향기가 지배하는
그런 나라를 세울래요
길은 곳곳마다 한창 뻗어가는 저 넝쿨장미로 닦을래요
집들은 산속의 저 깨끗한 새소리로
지을래요, 이 나라의 국력國力은
아침에 일어난 저 빨간
나팔꽃의
나팔 소리로도
충분해요, 군인은 춤추는
나무로 할래요
즐거운
춤으로 나라를 지킬래요, 노래로
총과 칼을 만들래요, 햇볕 속에 따뜻한 나라를 하나
세울래요, 시인의 나라를 세울래요
국호는
그 흔해빠진
시골의 호박꽃으로 할래요
윙윙

꿀벌이
지배支配하는 그런 나라를
세울래요, 길은 곳곳마다 힘차게
뻗어 가는 저 호박넝쿨로 닦을래요
집들은 졸졸거리는 저 맑은 시냇물 소리로 지을래요
이 나라의 국력은
이름 모르는 저 많은
들꽃들의 향기로도 충분해요, 나라를 지키는 군인들은
쑥쑥 자라는 저 파란 풀잎으로 할래요, 새싹들의 저 푸른
용기로 나라를

지킬래요, 남모르는 가장 만족한 행복으로 칼과 총을 만들래요!

류재상 1977년 시집 《감 하나》로 미당 서정주 추천 등단. 시집 36권 상재

그믐달

| 문 봉 규

적막 갈린 창가에
인기척 없이 오시어
핼쑥한 모과나무 가지에
아랫눈썹 깔고 속삭이더니

어젯밤
옷고름 살랑살랑
삽살개 담장 따라가시더니만

오늘 밤
장막을 둘러놓고
사랑에 빠진
야속한 여인

문봉규 2005년 《문학저널》 등단

열 때

| 문 옥 영

완고한 대문을 붙잡고서
튀어나온 입을 어루만지나 어림없다
굳게 닫힌 그의 밖에 소외된 나는
쇳대, 쇠때를 찾는다
싯대를 찾는다
게철, 게철쉐를 찾는다
늘대를 찾는다
열쇠를 찾는다
찾는다 열 때를

여기, 눈이라는 열쇠가 있다
입술이라는 열쇠가 있다
몸이라는 열쇠가 있다
철대문 유리문 자동차 오토바이 금고 당신
당신이 철커덕 열리고 닫힌다

온몸이 열쇠인 남자와 온몸이 자물쇠인 여자
만 근 욕망이 서로 열려고 몸을 디민다
이들 열리고 닫히는 이치는 정해져 있다
우선 마음이 딱딱 맞아야 한다

음양 궁합이 딱딱 맞아야 한다
그래야만 마음으로 몸을 열고
몸으로 마음을
연다 열고 열다가
마침내는 눈빛만으로도 상대방을 연다

열릴 때가 있으면 닫힐 때도 있는 법이다
열림의 자유 이전에
갇힘의 감옥에서 줄줄이 코가 꿰어
이리저리 끌려다니기를 즐겨야 한다
그리하여
집 밖으로 한 발 내딛을 때마다
열 때
허리를 구부려
내 몸에 숭숭 뚫린 구멍을 들여다본다

문옥영 1994년 《심상》 신인상. 시집 《그리운 베이커리》

닭과 코스모스

| 민 창 홍

닭이 코스모스 꽃잎을 쪼고 있다
꽃잎에 붙은 이슬은 엄살을 부리고
아버지는 냉수를 찾으신다

장날 아버지가 사오신 폐계 다섯 마리
장닭에게 쫓기다 밭을 배회하고

폐계를 사왔다고 다그치는 어머니
술이 취해
몰라도 된다고 하시는데

감춰두었던 비밀을 꺼내듯
알듯 말듯 해맑게 웃는 코스모스

모이를 열심히 쪼으면 된다고
알만 쑥쑥 쏟아내면 된다고
무엇이든 버리지 못하는 아버지

대추나무에 걸린 해
빛깔 곱게 이글거리는 청잣빛 접시
종종걸음 뒤뚱뒤뚱
꼬끼오
물 한 모금 먹고

코스모스는 별들을 털어내고
첫차가 지나는 소리 듣는다

껍질을 깨면 알까
술이 깨면 알까

민창홍 1998년 《시의나라》, 2012년 《문학청춘》 신인상. 시집 《금강을 꿈꾸며》 《닭과 코스모스》, 서사시집 《마산성요셉성당》

성 게

| 박 서 영

슬픔은 성게 같은 것이다
성가셔서 쫓아내도 사라지지 않는다
무심코 내게 온 것이 아니다, 내가 찾아간 것도 아니다
그런데 성게가 헤엄쳐 왔다
온몸에 검은 가시를 뾰족뾰족 내밀고
누굴 찌르려고 왔는지

낯선 항구의 방파제까지 떠내려가
실종인지 실족인지 행방을 알 수 없는 심장

실종은 왜 죽음으로 처리되지 않나
영원히 기다리게 하나
연락두절은 왜 우리를
노을이 뜰 때부터 질 때까지 항구에 앉아 있게 하나
달이 뜰 때부터 질 때까지 앉아 있게 하나
바다에 떨어진 빗방울이 뚜렷한 글씨를 쓸 때까지
물속을 물끄러미 들여다보게 하나
기다리는 사람은 왜 반성하는 자세로
사타구니에 두 손을 구겨 넣고는 고갤 숙이고 있나

꽃나무 한 그루도 수습되지 않는
이런 봄밤에
저, 저 떠내려가는 심장과 검은 성게가
서로를 껴안고 어쩔 줄 모르는 밤에

박서영 1995년 《현대시학》 등단. 시집 《붉은 태양이 거미를 문다》 《좋은 구름》

모녀의 기차여행

| 박 서 현

딸아이의 휴일에 맞춰
북천을 향하는 배낭 속엔
헐거운 하루의 먹거리가 바스락대고 있다
집 근처 창원 중앙역에서
두 어깨에 가을을 걸쳐 입고 떠나는
모녀의 기차여행

차창 밖
스쳐 지나는 수채화의 정수리엔
낮달의 언어가 종알거리고
북천역에서 내린 하동엔 꽃 잔치 열렸다

가까이서 마주 보니
방향을 잃고 쓰러진 꽃대들이
태풍의 상처를 처참하게 쓸어안고도
목이 터지도록 핏대 올려 붉은 꽃 피워내는데

초가 원두막에 걸터앉은

해맑은 가을은 메밀밭을 서성이고

마른기침만 내쉬던 조롱박 넝쿨과

헝클어진 코스모스는

하늘의 손을 꼭 잡고

움찔움찔 외발로 일어서고 있다

박서현 2005년 《한맥문학》 등단. 시집 《세월 저 너머 기억》

옷을 갈아입으며

| 박 영 배

아내가 다려준 옷을 입는다

울퉁불퉁한 손가락과
퇴행성 무릎관절로
요리조리 재봉선을 잡고.
칼날을 세우고
고속도로처럼 쭉 뻗은
바짓가랑이를 뽑느라
혼자 끙끙대던,

눈도 침침한 아내가
출근길 내 인격과 말과 행동을
곱게 다려준 아침이다

박영배 2006년 《한류문예》 신인상 등단. 시집 《옷을 갈아입으며》 외 3

불효

| 박용진

어머니 땀으로 거둔 농산물이
도회지 자식 집으로 와서
구석에 쪼그려 있네
마늘은 썩고
감자는 움이 터
그만
쓰레기봉투 속에 버려지고 말았네

박용진 2004년 《뜨락문학》 등단. 시집 《바퀴의 꿈》

네안데르탈 · 3

| 박 우 담

시간의 가시덤불 사이
피곤한 듯 너는 앉아 있다

플랫폼으로 전철이 들어온다 문명을 거부하는 듯 너의 기다란 팔이 신호등처럼 흔들린다 전철은 검은 동굴 속으로 사라진다 플랫폼엔 시간의 이파리들이 먹이인 양 쌓인다 비누냄새가 풍긴다 주술에 걸린 너는 검은 골을 파먹는다 시간의 창틀이 뜯겨나가고 전철이 또 들어온다 너의 등뒤로 박쥐들이 날아오른다

죽음을 앞둔 우리는 시간의 노숙자,
전철이 화들짝 놀라며
검은 구멍 속으로 사라진다

박우담 2004년 《시사사》 등단. 시집 《구름트렁크》 《시간의 노숙자》

천리향 전언

| 박 은 형

해가 바뀌고 이내
천리향 나무에 전입목록이 배달되었다
여기는 누구 하나 지폐를 지녀본 적 없는 양탄자 주민센터
고방에 들인 빛의 두께로 인품을 재단하지도 않는다
시세라고 불리는 검열제도도 발병전이어서
광대뼈 마음껏 투명한 백성들의 허리는 곧다

발코니는 훤하게 쏟아지는 동쪽의 이마를 숭배하지만
굳이 사지가 발광체인 태양이 아니더라도
발열 성분을 가졌다면 누구나 다녀가도 좋은 곳

마음 묶인 검정색도 이곳에선 포승을 풀고 환심을 산다
고장 난 난로 옆에서 새우잠을 잔 쿠션이나
주인 아가씨의 주정을 업느라 잇몸이 잔뜩 부은 구두
눈의 결정이 되어 돌아온 동백꽃 입김과
아직 두근거림이라는 궁륭을 걸어보지 못한 외진 마음 몇이
새로 거주지 이전 신청을 해 왔다

차일피일 차양 걷기를 미루는 겨울도 곧 돌아갈 것이다
무단 방전을 위세 삼는 관록 높은 시간수용소를 떠나
헐거워진 심박 한 량쯤 몰고 너도 천리를 찾아와 다오
번번이 놓친 뒤에 비애의 정표로 눈부시게 왔던
금 간 유리잔 하나 품속에 놓고 와 다오
마개가 없는 저 뜨거운 향기, 그 잔에 부어 마시면
돌아올지도 몰라
탄환같이 빠르게 박동하던 단 한번, 네 앞의 그 빛

박은형 2000년 《경남문학》, 2013년 《애지》 신인상 등단

그늘의 옆얼굴

| 박 종 현

사람들은 모두 제 몸이 만든
그늘 아래 사는 걸까
그늘 없는 사람들은
양산까지 받쳐들고 그늘의 몸속으로 들어간다
잠시 헛디딘 걸음 틈새로
저녁 햇살이 슬쩍
그늘의 옆얼굴을 훔쳐본다
두터운 화장으로 가린 그늘이 화들짝 놀란다
희한하다
사람들은 왜 그늘 속에서 더 환해지는 걸까
양산을 폈다 접는 일처럼
그늘을 켰다 끌 줄 아는 사람들은 해가 지면
그늘에 익혀둔 등불을 켠다
야광으로 밝아오는 그늘의 옆얼굴이
환하게 달빛을 갉아먹고 있다.

박종현 1990년 부산일보 신춘문예, 1992년 《현대문학》 추천 등단. 시집 《쇠똥끼리 모여 세상 따뜻하게 하는구나》《절정은 모두 하트 모양이다》

아카시아 필 무렵

| 박 채 호

암자로 올라가는 고개는
뻐꾸기가 계곡에 발을 담그고
파란 묘판 올챙이가 헤엄을 치는
다랑이 논에 하늘이 가끔 빠지기도 했다
어렸던 내게는 게으름이 나올 만큼
사면이 버겁고 가파른 길이었다

봉군蜂群을 싣고 먼지를 일으키며
뒷걸음질하는 트럭을 피해
초파일 쌀됫박을 머리에 이고
내 손을 꼭 잡으시고 밀밭 두렁을
에둘러서 법당에 들어선 어머니의
젖은 버선 발바닥에서 구수한
보리 냄새가 향불에 뒤섞이었다

백팔 배를 서른 번째 헤아릴 때쯤
오월 느릿한 해가 산 그림자를
법당 안으로 밀어 넣었다
연꽃등에 촛불을 당겨놓고
돌아오는 절담 길 당신 목덜미 같은
하얀 꽃잎이 감꽃처럼
쏟아져 내려앉아 있었다

박채호 《새시대문학》, 《현대시문학》 등단. 시집 《지팡이에 바퀴를 달고 싶다》 《부적》

감을 주워 담던 밤

| 박 태 현

감나무가 농사지은 감을
닷새 전에 제주도로 보냈다
아직 도착하지 않았단다

잠이 파도에 흔들리자
감이 방바닥으로 굴러 나왔다
울음도 데굴데굴 굴러 나왔다

화물선 한 귀퉁이에서 감이
우는 소리 같기도 하고
뒷산 감나무가 우는 소리 같기도 하다

나는 밤새 그 감들을 정성스레 주워 담았다
그러면 그럴수록 부피가 늘어나
상자에 다 담을 수가 없었다

박태현 2011년 《서정과현실》 신인상 등단. 시집 《부메랑》

꽃별이 된 아이들

| 반 평 원

코스모스 꽃밭에서
꽃이 되고 나비 되어
숨바꼭질하고 놀던
우리 동네 바보 가시나 머슴애들

그 아이들 지금
코스모스 꽃별이 되어
가을 밤하늘에서 빛나고 있네
나는 그 별들에게
이름을 붙여준다
바보별ㄱ. 바보별ㄴ. ㄷ. ㄹ. …

꽃처럼 예쁜 아이들
하늘 정원에서 우리 만날 때까지
빛나거라

반평원 1993년 《한맥문학》 등단. 시집 《새똥》, 수필집 《묵정논》

복사꽃 아래 천년

| 배 한 봉

봄날 나무 아래 벗어둔 신발 속에 꽃잎이 쌓였다.

쌓인 꽃잎 속에서 꽃 먹은 어린 여자아이가 걸어 나오고, 머리에 하얀 명주수건 두른 젊은 어머니가 걸어 나오고, 허리 꼬부장한 할머니가 지팡이도 없이 걸어 나왔다.

봄날 꽃나무에 기댄 파란 하늘이 소금쟁이 지나간 자리처럼 파문지고 있었다. 채울수록 가득 비는 꽃 지는 나무 아래의 허공. 손가락으로 울컥거리는 목을 누르며, 나는 한 우주가 가만가만 숨 쉬는 것을 바라보았다.

가장 아름다이 자기를 버려 시간과 공간을 얻는 꽃들의 길.

차마 벗어둔 신발 신을 수 없었다.

천년을 걸어가는 꽃잎도 있었다. 나도 가만가만 천년을 걸어가는 사랑이 되고 싶었다. 한 우주가 되고 싶었다.

배한봉 1998년 《현대시》 등단. 시집 《흑조黑鳥》 《우포늪 왁새》 《악기점》 등

풀잎 · 1

| 변 승 기

갈바람이 차네요
여름내 상한 허리를 보듬고
허허벌판에 모로 누웠어요
낯익은 얼굴들이 다가와
자꾸만 손 내미네요
날개 찢긴 노랑나비며
고추잠자리, 소금장수
무당벌레에 이르기까지
가엾고 하찮은 것들
너무 업신여기지 마세요
자연법 속 법 없이 사는 법 익히며
어질고 모진 목숨 이어 왔어요

변승기 1984년 《현대문학》 천료. 시집 《그대 이름을 다시 불러본다》

장복산 임도 · 1

| 서 명 옥

시간 지나갈수록
기분 좋은 산책길
함께 걸으면
하늘 빛 맑은 가슴
두런두런 정담
가을 빛 따스함도
가녀린 우수도
대자연의 흐름도
느낄 수 있어 좋다
함께 걸으면
따뜻한 시선
영글어 좋다

서명옥 《문예한국》 등단. 시집 《삶의 수채화》 《세월 향기는 한점 그리움 되어》 《햇살 머문 창가에》 외

흐르는 강물

| 서 인 숙

강은 조용하다
어디선가 흘러오는 음악의 울림 따라
흐르고 흐르는 물줄기

닿을 수 없어
그냥 가버리는 먼먼 어디인가
물 깊이에서 솟아오른 갈대들의 꿈
적막보다 짙은 침묵 속에 흐르는 물빛
사랑의 맨 처음 사랑 같은…

아무도 붙들지 말라
어느 것 흐르고 변치 않은 것이 있을까
말이 없어 물로만 말하는
저기! 저 강물을 보아
아프다 못해 스러지는 마음

서인숙 1979년 《현대문학》으로 시작 활동. 시집 《살아서 살며》 《먼 훗날에도 백자는》 외, 시선집 《조각보 건축》

봄, 풋가지 行

| 성 선 경

도야를 지나 우천, 우천을 지나 중대, 중대를 지나 칠월, 칠월 지나 계팔, 계팔을 지나 미실, 미실을 지나 풋가지, 솔가지 물오른 풋가지 간다.

외로 굽어도 한 골짝, 우로 굽어도 한 골짝, 눈썹 고운 여자를 데리고 첩첩산중.

여기도 한세상 숨어 있고, 저기도 한세상 숨어 있고, 고사리 순이나 꺾으며 한세상 숨어 있고, 넌출넌출 실배암 기어가듯 칡넝쿨 자라는 소나무 아래 장기판이나 놓고 여기도 한세상 저기도 한세상.

여기 장 받아라 초나라가 이겨도 한나절 한나라가 이겨도 한나절.

눈썹 고운 여자랑 때늦은 점심상에 상추쌈이나 한입 불쑥불쑥 움켜 넣으며 한세상 살았으면,

도야를 지나 우천, 우천을 지나 중대, 중대를 지나 칠월, 칠월 지나 계팔, 계팔을 지나 미실, 미실을 지나 풋가지, 솔가지 물오른 풋가지 간다.

여기도 한 첩妾

저기도 한 첩妾

첩첩산중妾妾山中 풋가지 간다

솔잎같이 짙은 고운 눈썹 만나러 봄날 풋가지 간다

성선경 1988년 한국일보 신춘문예 시부문 당선. 시집 《봄, 풋가지行》《진경산수》《옛사랑을 읽다》 외

산에 들어

| 손 국 복

바라다보면 품이 그립고
품에 들면
파헤치고 싶은
끝없는 참선

비 오는 날이면
빗장을 걸고
온몸으로 눈물 채워
마침내 우우
잿빛 그리움 왈칵
골골이 쏟아내는
슬픈 법어

지나다 보면 거기 그대로
다가서면
태연한 몸짓으로
한 걸음 물러서는
기품의 산승.

손국복 2001년 《문학공간》 신인상. 시집 《그리운 우상》 《산에 묻혀》

발치의 힘

| 손 수 남

어린왕자의 시선이 내게 잠시 머무는 걸 느꼈다.
나는 베란다 가장자리에 거꾸로 누워 있다
옷걸이에 걸린 내 초상화는 아직도 환한 꽃이다

누렇게 들떠만 가는 내게
지친 왕자님도 벽만 남겨두고 나갔다
세상의 풍요가 나를 밀쳐두었을 때 누렇게 야위어가는 나를 보았다
유리문에 가둬둔 벽은 내게
여름이었다가 가을이었다가 다시 가을로 깊어져 가기만 했다.
죽음이 아니면 돌아봐주지 않아
내 안에 나를 밀어넣고 장사 지낼 죽음을 키웠다
죽음에도 뿌리가 있어 무성히 자랐을 때에야 죽음에 이를 수 있는 것인지
누런 잎이 진다고 죽음에 이르진 않는 것 같았다
문을 열고 나가야 했다
가끔 눈물이 나기도 하지만 그때 가만히 내 이름을 부르기로 했다
나는 장미가 아니라, 풍란일 뿐
반평생이 그 사실은 아는 데 지나갔다

사랑의 완성은 헤어짐에 있다
옷걸이에 걸린 내 초상화의 희끗희끗한 주름이 환하다
안녕, 나의 어린 어린왕자

손수남 2012년 《호서문학》 등단

남은 감 하나 되어

| 신 계 식

이제 알았네
빈자리인 것을

늦가을 까치밥으로
시린 하늘에 박혀
남은 감 하나

바람 없어도
속살 깊어
물살 지어 이는 아픔이어라

한 해는 가고
씻지 못한 자국 남아
다시 짊어진 인간사
헤아려 어지럽고

종은 울어 제야는
하나같이 별빛에 띄우는
소담스런 소망인 채

억만 리 저편
부르는 손짓
닿지 않는 거리
지금 혼자이어라

신계식 1997년 《한글문학》 등단

설화雪花

| 신 승 희

광설이 춤추는 긴 겨울
숨죽여 우는 설원의 땅 위에
허공을 외치는 작은 새는
하얀 미학의 노래를 부릅니다.

지난가을, 한 잎 두 잎, 떨어지는 것이
낙엽 아닌 시간이라는 걸 알면서도
얼어붙은 빙하 붉은 입술의 동백을
나인 양 홀로이 바라봅니다.

그대 하얀 옷깃이 넓어
나목의 맨살을 에워싸며
언제까지 소복이 핀 순백의
설화雪花로 세상을 온통 하얗게
하시렵니까.

실어오고 실어가는 계절에
저 처마 끝, 고드름같이
언젠가 하나의 삶이 녹고 나면
설 눈 속, 복수초의 노란 미소로
피어날지…

얼음장 밑으로 흐르는 물처럼
그 한치 앞에서 나 또한
흐르고 있다는 덧없음을 알면서도
하얀 그대 앞에선 한없이 출렁이며
사슴처럼 뛰고 싶습니다.

신승희 2009년《한국문인》등단. 시집《어머니의 강》

오! 모국어

| 신 찬 식

1

아직도 남아 있을까?
주리고 주려서 뼈마디 앙상한 채
밀리고 떠밀려서 다다른 하늘가,
실향민의 달도 서럽게 기울어가는
북간도의 하늘가에
달무리처럼 서리던 한국어.
언제나 핏빛 노을에 물들거나
눈물에 젖어있던 한국어,
오! 눈물의 모국어여.
한 많은 사연 간직한 채
그 모습 그대로 지녀
아직도 울고 있을까?

2

엎드렸다가
뜨거운 한낮 내내 엎드렸다가
어둔 밤을 뚫고 기어오는 전우,
베트남 수풀에서 쓰러졌던 전우가
새벽마다 꿈길 따라 찾아오누나.

동녘 훤히 밝기 전에
서둘러 서둘러서 기어오는 전우여
끝내 그대 돌아오지 못하누나.
끝내 그대 더불어서 돌아오지 못하는 한국어,
오! 절룩거리며 신음하는 피의 모국어여.
축제의 불꽃처럼 산화한 젊음 따라
그 수풀 어디쯤서 헤매고 있는가,
떨어져 나간 팔다리 더듬어 헤매는가?

3

밤낮 쉬임 없이 타오르는
유전의 불꽃 둘레,
유전의 불꽃 보고
부나비처럼 떼지어 찾아드는
온 누리 말(言語)의 무리들.
부나비처럼 퍼득거리며 맴돌다가
하나 둘 지쳐 내려앉는 곳,
페르시아 만에서도
아라비아 반도에서도
알몸 드러낸 채

땀 흘리며 뛰어가는 한국어,
때로는 비틀거리기도 하다가
더러는 쓰러져 눕기도 하다가
기어이 떨치고 일어서는 노동자 더불어서
모래바람 헤치며 성을 쌓는가.
새로운 빛의 궁전,
영원한 내일의 성채를 쌓고 있는가!
오, 땀의 모국어여!

신찬식 1981년 서울신문 신춘문예 당선. 시집 《탄피와 돌의 상형》 《목공예수》 《일생의 찬미》

봄

| 안 길 수

새싹 움트게 넉넉한
어머니 젖 향깁니다.

겨우내 춤을 추던
된바람 날개 녹여주고
아지랑이 벗하여
사랑맛 펴 올려주는
먼 훗날 찬란할
새 생명의 울타립니다.

즐거운 꿈 되살려주는
어둠 밝힐 불씹니다.

안길수 1966년 《시원》 동인 활동. 시집 14권. 시조집 11권 발표

농우農牛

| 안 동 원

짝숫날 구멍 뚫린 가죽가방 둘러멘 배달부가 마지막 등록금 통지서를 가지고 왔다

아버지는 그날따라 밤을 뒤척이시며 곰방대 재 터는 소리 커질 때마다 가슴이 오싹오싹 조였다

묵묵히 살림 모를 몇 번이고 막아 버티어 온 마지막 바람막이였는데 온 식구의 갈무리하기 어려운 아쉬움을 뒤로하고 말없이 꾸벅꾸벅 사립문을 나서는 모습을 하늘에서 보았다

해와 달이 한없이 엇갈려, 그날 아버지의 가슴 저민 한숨 소리도 하얗게 바랜 속물이 되어 쐬주병 옆에 차고 안검살 질근거리며 흰 가운 가장자리에 술기운이 돌다가도. '배은망덕한 놈' 하고 외쳐대는 쉰 목소리에 귀머거리가 된 듯 내숭 떨며 헛기침 '퇴퇴' 하다가도, 당신과의 인연 ↔ 악연 사이에서 오늘도 고뇌에 삶을 질퍽한 언저리에 맴돌아 살아가면서 당신을 향한 연민의 정을 못 잊어 쐬주 한 잔 올리오.

안동원 1990년 《문학공간》 등단. 시집 《감꽃 필 무렵》, 산문집 《뒷모습을 아름답게》

아버지 쓰시던 돋보기

| 안 한 규

시렁 구석 뒤지다가
먼지 뽀얀
아버지 쓰시던 돋보기를 만났다
폐가처럼 괴괴하게 나앉아
천시받던 빛바랜 안경
아버지는
애써 챙겨 가까이 두시고
먹빛 세상 넘보며 사셨는데
어언 수십 년을 몰라라 했으니

잔뜩 여위고 초라해진 모습의
아버지 눈이 닿은
흐릿한 그 안경에 나는
눈을 갖다 댄다
세상을 삼킬 듯이 바라본다
다른 모습으로 또박또박 다가서는
아버지 세상이
이 안에 이렇듯 계시거늘
나의 가슴을 진득하게 저민다

안한규 1999년 《문예한국》 등단

막 차

| 안 화 수

겨울이 때를 잃고
오들오들 떨고 있는 시골 정류소
금방 달아나던 빨간 버스 빈자리
달아오른 난로보다 그립다

팽팽하던 햇살은 줄이 끊기고
첫사랑 녹아 있는 알사탕 봉지만
이리저리 쓸리는 희미한 시간
낡은 벽시계는 세월을 붙잡는다

이미 지나가 버린 버스에
구천九泉을 찾아 헤매는 영혼에
미련 두지 말라는 잠언箴言들
차멀미에 취한 듯 어지럽게 쏟아지는데,

아직도 기다릴 막차가 있는
낯선 대합실

안화수 1998년 《문학세계》 등단. 시집 《까치밥》 《명품악보》

HB

| 양 재 성

날을 갈고 세우며 딴 세상을 꿈꾼다
지우개의 유혹조차 외면하고 지낸 나날
한평생 품어 온 심지 휠 수 없는 통나무

네 결코 칼날을 두려워 마라
살점이 쓱싹 베어지는 아픔 없이는
칼날보다 더 날카로운 예지를 벼릴 수 없으니
네 뼈를 깎지 않고서야
어찌 외진 곳의 신음소리가 들린다더냐
두려우면 볼펜이나 만년필이 되라
그리하여 저항할 수 없는 중력에 순응하며
부르는 대로 받아쓰고
채운 먹물을 호사로이 뿌릴 일이거니
더는 굽힐 수 없는 까닭에
욕조에 머리통이 잠기거나 혹은
밀실 철봉에 거꾸로 매달려
요절이 나더라도 결코 굴하지 않을
여섯 번씩이나 모난 이름 HB

양재성 2002년 《한국시》 신인상. 시집 《나무의 기억은 선명하다》

담장

| 오 덕 애

밭에서 골라낸
각양각색
작고 큰 돌들로
손수 담장을 쌓고
북적북적 살았던 집
돌담을 감싸 안은
푸른 담쟁이에 귀를 대면
아버지의 푸른 목소리가
어머니의 하얀 미소가
길을 만든다

얘야 살기 힘들 때
이 담장을 보거라
작고 못생겼다고
크고 잘생겼다고
슬퍼 말고 잘난 체 마라
맞물려 빚어내는 힘
크고 잘생긴 돌 밑을 보거라
작은 돌 두세 개가
정성껏 받치고 있단다

오덕애 2004년 《자유문학》 신인상. 시집 《하늘이 산이 바다가》

'14 운명 교향곡

| 오 병 상

낮은 계단 위의 무대
섬으로 떠돌던 하루
정박하는 회양목
뭇 나무들
바람의 음 · 박을 따라
오선지를 흔들고
내일
가로등 아래 새길 묘비명
"내 이름은 몸짓"
날벌레 떼 속에서
베토벤도 옷자락에 숨고

오병상 2005년 《문학 21》 등단

진화론

| 오 삼 록

허름한 노인이 와서 일러준다
우리 공장의 불빛에 잠을 설친 벼가
고개를 숙이지 못한다고 했다
곡식은 어둠에서 진화했다고,
그래서 곡식도 밤에는 자야 한다고,
씨앗은 완전한 어둠의 공간에서만
야생을 키운단다
나는 이 말을 했다
—공장이란 게 화안해야
밤에도 일을 할 수가 있는데요—
그의 등은 활처럼 휘었으나
심지는 곧았다
진화론은 저 나이에도 곡식을 거두는 들판의
이유였다
밤낮에 대한 그의 경계는
넌지시 삶을 거들고 있다
그와 저 벼가 순해지도록
공장의 야간작업을 줄이겠다고 했다
문득 구름을 헤집고 달이 나온다
대낮처럼 밝은 들판,
벼가 수런수런 익는다

오삼록 1998년 《문학공간》《신동아》《문예중앙》 등에 작품을 발표하면서 문단에 데뷔. 작품집 《독가촌》 외 10권

반가사유상

| 오 하 룡

할아버지 한 분
자애慈愛한 표정이었습니다
자꾸 그에게 눈이 가는 걸
어쩌지 못했습니다
할아버지는 가끔 고개를 숙였다가
다시 반복하며 조는 것 같기도
미소 짓는 것 같기도 하였습니다
어느 순간 나는 움직이는
반가사유상半跏思惟像이
내 지척에 있어
깜짝 놀랐습니다

오하룡 1975년 시집 《母鄕》 출간 등단. 시집 《별향》 《내 얼굴》 《몽상과 현실 사이》 외

팬지 소묘

| 우 원 곤

팬지를 편지로 읽는다
훅 불고 싶다
하롱하롱
나비 앉았다 떠난 자리
미루나무 하얀 손 흔들며
강으로만 ,강으로만 흘러가는

기다림에 지치면 어딘가에 닿을
연보랏빛 문맥

우원곤 2003년 《한국문인》 신인상. 8인 시집 《비탈진 잠》

딱 지

| 유 행 두

길을 가다 넘어졌다. 청바지가 찢어지고 무릎 살이 패였다. 아픈 것보다 넘어질 때 포즈가 더 창피했다. 상처도 없으면서 아픈 어깻죽지보다 딱지 낀 무릎을 꿇고 바닥을 걸레질하는 게 더 불편하였다.

코딱지만 한 집에 빨간 딱지가 붙을 때도 그랬다. 식구들이 찢어지고 현관문이 패였다. 배고픈 것보다 망했다는 게 더 창피했다.
상처를 숨겨놓은 남편의 가슴보다 세상에 무릎을 꿇고 바닥을 기는 것이 더 불편하였다.

발가락에 걸레를 끼워 바닥을 닦을 때마다 냉장고에, 장롱에, 전기밥솥에… 구르지 못하는 승용차 바퀴에… 딱딱한 포즈로 붙어있던 딱지들… 근질거렸다. 뜯고 싶어… 슬그머니 상처를 들출 때마다 시골집에 맡겨 놓은 아이의 울음소리가 피고름처럼 흘렀다.

꾹, 도장이 잘못 찍힌 등기필증을 남의 손에 넘겨주고 게딱지처럼 세상의 옆으로만 자리를 옮겨 다녔다. 딱지 아래 시꺼먼 화를 뜯어 낼 때마다 하얗게 무언가 차오르는 게 보였다. 쉬 아물어지지 않는 상처에 새살이 돋는지 삶이 자꾸 가려웠다.

유행두 2007년 경남신문 신춘문예 당선, 《서정과현실》 신인상 수상. 시집 《태양의 뒤편》

북천

—까마귀

| 유 홍 준

어제 앉은 데 오늘도 앉아 있다

지푸라기가 흩어져 있고 바람이 날아다니고

계속해서

무얼 더 먹을 게 있는지,

새카만 놈이 새카만 놈을 엎치락뒤치락 쫓아내며 쪼고 있다

전봇대는 일렬로 늘어서 있고 차들은 휑하니 지나가고

내용도 없이

나는 어제 걸었던 들길을 걸어 나간다

사랑도 없이 싸움도 없이, 까마귀야 너처럼 까만 외투를 입은 나는 오늘 하루를 보낸다

원인도 없이 내용도 없이 저 들길 끝까지 갔다가 온다

유홍준 1998년 《시와반시》 신인상. 시집 《喪家에 모인 구두들》 《나는, 웃는다》 《저녁의 슬하》 외

11월

| 유 희 선

숲으로 가는 길
늙은 사내가 벤치에 앉아 있다.
그는 모자를 벗어 무릎에 놓았다가
천천히 들어 올려
다시 쓰고 있다.
숲으로 가는 길에는
아홉 개의 벤치가 있다.
그 벤치에 아홉 명의 사내가 앉아 있다.
그들은 저마다
모자를 벗었다가
다시 쓴다.
모양이 잡히지 않는 듯
텅 빈 모자 속에
남은 시간을 꾹꾹 눌러 담아
슬로우 모션으로 다시 쓴다.
떡갈나무 숲속으로
아주 느리게 다가오는 시간,
아버지의 펄프공장 높은 굴뚝이
동네 어귀에서부터 보이고
늙은 사내들의 모자가

종잇장처럼 얇아지고 있다.

투명한 햇빛을 받으며

천천히

아주 느리게

떡갈나무 잎이 지고 있다.

유희선 2006년 《경남문학》 신인상, 2011년 《시사사》 등단

이즈스난데모

| 윤 덕 점

밤새 바람 불고 비 오던 아침 갑자기 생각난 말
구름 아래 하늘의 살갗인 듯
매끄럽게 내 입속으로 찾아온 말
가식이란 말이 다 떠난 후에 남은 마지막 정거장
조팝나무 몽글한 가지 사이에 핀
꽃 알갱이인 듯
내 혀 안에서 자꾸 궁굴려지는 말
시詩하늘에 가득 차있는 연어 알 같은
투명한 이게 뭐지
슬픔을 다 잊고 난 후에 자란 콩나물 대가리거나
산책길에서 만난 똬리 튼 뱀의 납작한 대가리
아니면 그 뱀 약올리던 개의 둥근 발,
그 발톱에 낀 풀씨나 똥 묻은 찔레꽃잎
비린내가 살짝 피어오르는 물보라로
시야에서 맑게 퍼지는 구름
기도하라 기도하라 울리는 교회 첨탑의 스승이거나
기도할 것이 넘치는 세상을
청소하러 온 청소부의 맨얼굴인가
입속으로 자꾸 굴러다니는
이즈스난데모
오늘 하루는 모두 이즈스난데모

윤덕점 시집 《마로비벤을 꿈꾸다》

고 향

| 윤 재 필

얼룩진 세월 속에 초가집도 내려앉고
대대로 줄농사 짓던 부모님도 떠난 터전
유년의 그림 한 폭이 옛 얘기로 안겨 온다.

돌아갈 기약 없이 등 돌리고 떠나온 곳
세월 강 건너면서 숱한 고개 넘다보니
흰 머리 덮인 얼굴에 검버섯이 피어 있다.

하 많은 날이 흘러 기억마저 흐릿한데
그래도 속절없이 나래 돋는 어릴 적 꿈
아련히 솟는 그리움 주름살로 변해 간다.

윤재필 1997년 《농민문학》 신인상. 시문집 《그 시절 그리움 되어》, 시집 《나는 너의 하늘이고 싶다》

청보리

| 윤 재 환

겨우내 서릿발 내린
흙에 묻혀서
근근이 땅을 헤집고 싹을 틔워
낮은 자세로 찬바람 맞다가
봄이 되어
푸름으로 일어난다
산수유보다 먼저 봄을 전하는
청보리는
배부른 사람들의 시선 멀리서
고운 햇살 안고
굶주리는 사람들의 희망으로
자란다
보리는
한겨울을 보내야
열매를 맺을 수 있기에
배고픈 사람만이
수확의 의미를 품는다

윤재환 1997년 《시·시조와 비평》, 1998년 《문예한국》 신인상 당선. 시집 《어머니》 《청보리》 《이제는 알고 있습니다》 등 6권

손 · 1

| 이 경 연

너는 주인을 잘 섬기는 종이었다
밥심 하나로 등뼈 휘도록 새푸른
길을 내는 종이었다
갯돌 같은 사투리에 묵은지 숙성한 체온으로
상처를 씻어가며 삶을 도공처럼 빚어내는
소박한 종이었다
척박한 마디마디 물집 헐어 땀을 쥐어가며
고단한 목구비 힘줄 당겨
가문을 잘 지키는 종이었다
흙 속에 영혼을 꾹꾹 눌러 심던 그 후박한 심성
참아내는 눈치도 밝았다
눈썰미로 다스린 솜씨 맵씨 다듬고 보살피는 약손
너는 보살이었다
짜리몽탕 굽은 등허리 감춘 못자국
눈물 닦아주던 친구였다
불의에 분노하고 속이고 탐했던
어리석고 못난 죄인이었다
눈으로 본 것 귀로 들은 것 죄다 속에 넣고
고개 숙이는 종이었다.

이경연 《문예한국》 신인상

사랑이 머무는 교실

| 이 경 희

살포시 날아드는 하얀 꽃잎
벚꽃의 꽃망울이 찰랑찰랑
봄빛을 시샘하면
오늘은 또 어떤 일이 벌어질까?

작은 사연들이 스치고 간 자리에
나비가 날아와 친구가 되었다.
들꽃처럼 피어나는 아이들 얼굴엔
맑고 고운 웃음꽃이 핀다.

파란 하늘 꿈이
눈에 넣어도 아프지 않을 무지갯빛 사랑
그 교실 향기에
난,
하루가 저물었다.

이경희 1999년 《한국문인》 신인상. 시집 《우리사랑 들꽃처럼》, 수필집 《애들아 정말 잘했어》

빚 권하는 사회

| 이 광 남

빚내어서 대학에 다녔고
빚내어서 결혼해
빚내어서 집까지 샀지만
빚내어도 못하는 게 있었으니
먹고사는데 생사가 걸린
알뜰 직장은 하늘에 별 따기고
대를 잇고 행복 누리는
내 닮은 자식은 꿈도 못 꾼다
잘난 국가가 주는 복지 혜택으로
훌륭한 정치가가 베푸는 은덕으로
공짜로 착각해
주는 대로 받아 먹었는데
가시가 있고
독이 들어 있는 줄이야
월말이면 줄줄이 달려오는
카드값과 빨강 딱지에
눈앞이 캄캄해져
살 꼬집고 정심해 본들
길이 없고 답도 안 보인다
오직 살 방법은

무식한 사람 용감한 척
빚에 정면으로 도전장 내밀어
호랑이보다 무서운 빚과 싸우겠다

이광남 1994년 시집 《풍선놀이》

늦가을 소묘

| 이 광 석

시월은 초록이 만장輓章을 치는 계절
저 황홀한 다비의식 앞에
폭우로 떠내려간 여름 누가 기억할까
눈물을 거둔 푸른 잎사귀들
술 익어 붉어진 마을로 먼저 떠나고
참을 수 없는 또 다른 유혹, 더 분주해진 일몰
가지마다 수혈 주삿바늘 꽂은 자작나무 그늘
하산길 가로막고 어깨를 내주는구나
사람들아
하루가 저물듯 늦가을 시린 바람
저들끼리 모여 앉아 겨울 목도리 뜨개질하는
저 따뜻한 달빛 울음
보살님 상기된 얼굴 살짝 만지고 가는
산사 반야심경 독경 소리

이광석 1959년 《현대문학》 추천. 시집 《겨울나무들》 《바다변주곡》 《달, 산문을 나서다》 등 8권

두레박

| 이 달 균

두레박은 하늘에 걸려 있습니다. 제대로 정박하지도 지상에 내려오지도 못 합니다. 잊혀질 준비를 하는 기억의 문 한 켠에 쓸쓸히 낮달로 걸려 있습니다.

사람들은 아무도 그의 존재를 믿지 않았으므로 하늘로 오르는 사다리를 만들지 않습니다. 그는 내 닫힌 유년의 문, 혹은 의문의 지하로 이르는 통로, 뚝뚝 정수리를 때리던 먼 지하의 물방울 소리. 어두운 지구의 수맥에서 올라오던 냉기에 끌려 우물 속으로 나무관을 내려버린 아이가 있었습니다.

두레박은 불안한 아이의 영혼처럼 하늘에서 잠들지 못합니다. 물론 지상에도 그의 집은 없어진 지 오랩니다. 우물이 없어져서가 아니라, 끌어올려야 할 그 무엇이 없어져 버렸기 때문입니다. 계시의 날들은 너무 멀리 가버렸습니다. 내게서 먼 지하의 음성이 사라지듯이 두레박은 철문에 닫혀버릴 것입니다.

자전과 공전의 시속을 따라가지 못하는 별들은 별똥별이 됩니다. 유성이 되어 지상에 추락한 사람들. 세월의 시속을 따라잡지 못한 그들 속에 내가 보입니다. 슬픈 두레박처럼 둥둥 떠가는 낯설고 낯익은 내가.

이달균 1987년 시집 《南海行》과 무크 《지평》으로 문단활동 시작. 시집 《문자의 파편》 《말뚝이 가라사대》 《장롱의 말》 외

정치한답시고

| 이 덕

서행徐行으로 가고 있는 민초들
정치政治는 깨끗하면서 비리 없이
주위周圍를 침놓듯이 고르게 살펴
두루두루 안아 주어야 하는데
툭하면 특검에 입만 열면 국정조사
검찰청엔 검사 같은 검사가 없는지
법원엔 판사 같은 판사가 없는지
골동품이 되어버린 녹슨 사법부인지
장외 투쟁 길거리 정치 데모꽃만 피우고
여의도엔 오물만 찾는 똥파리가 날고 있으니
온 누리가 새 누리 아닌 헌 누리 될까 두렵고
새 정치 한답시고 합쳐 모여 헌 정치만 헌 정치만 하는 꼴
전과자가 날뛰고 있는 정치 부정 비리 부패 공화국에
밝은 해는 떴는데
슬프기만 해오는 전관예우에
부정 부패 비리 천국이 되겠네.

이 덕 1958년 《신생공론》, 《영문》 추천완료

말이산 고분군

| 이 명 호

깨어진 토기 파편 하나에도
비워둔 가슴속에 징소리가 울린다
누가 저토록 척박한 삶을 살다 갔을까
손금이 닳도록 저린 그 아픔을
이곳에다 새겨 놓았을까

사방을 둘러보면 박토薄土에 가시덤불
풀벌레 여운 도는 적막을 베고 누워
청솔가지 흔드는 바람 소리에
끝 모를 생각들이 고개를 들고
무명초 피었다 지는 사연
풍전등화風前燈火의 낮과 밤이
무수한 과거를 일으켜 달린다

돌아보면 되돌아보면
뿌리 깊은 안라가야安羅伽倻
찬란한 인고忍苦의 그 역사

불멸不滅의 세월을 안고

흙빛에 묻어둔 여윈 속살마저

어찌하여 천오백 년을 뛰어넘고 있는가.

*경남 함안군 가야읍 말산리 및 도항리 일대로 여항산(해발 770m)에서 뻗어내린 산줄기가 도항리 일대에서 야트막한 구릉으로 변하여 좁고 긴 야산을 이루는데 이 산을 말산, 말이산, 머리산(우두머리)이라 부르며 산의 정상부를 따라 대형 고분군이 밀집되어 있다.(말이산 고분군 515호)

이명호 1992년 《문학세계》 등단. 시집 《나뭇골 우화》 《말이산》 《나무의 소리》 외

무얼 좀 놓아버리고 싶을 때가 있다

| 이 미 순

자굴산 오르는 오솔길에
억새 속새 푸나무 넌출 무성한데
내가 무얼 더 붙잡겠다고
오르고 있는가

거미는 곳곳에
진을 치며 기다리고
머루 달래 도토리는
토실토실 여기저기 풍성한데

나도 모르는 사이에
내 안에 자리잡은
나 아닌 것들을 버리기 위해
무얼 좀 놓아버리고 싶을 때

늘 무언가 잃어버린 듯 막막하던 날들
무얼 좀 잡은 적도 좀체 없는데
그 경각의 마음으로 찾는 자굴산에는
설렁설렁 바람만이 길을 낸다

이미순 2005년 《시사문단》 등단. 시집 《꿈을 파는 여자》 《바람이려니》

섬

| 이 병 관

아득히
유배되어 살았다
망망한 외로움
철썩이는 서러움
어떻게 가라앉혔느냐고 묻지 마라
사무치게 웅크려 보면 안다
혹독하게 악물어 보면 안다
오래 견디면
눈물도 돌이 된다는 것을

이병관 1997년 《한글문학》 등단

고 백

| 이 복 희

단풍이 들었어요
소금에 잔뜩 절었어요
눈동자가 흔들려요
머리가 뜨거워요
괜히 했어요
꽃 같은 흉터가 열렸어요
비를 맞고 우두커니 선 나무가
참으로 싱그러워 보여요

이복희 2005년 《문학예술》 신인상

쇠무릎지기

— 우슬牛膝

| 이　　산

할아버지의 무릎이 사라져버리자
무르팍을 찾으러 들로 나가신 할머니
아직 돌아오지 않으시고

밭둑길은 예전 그대로인데
할머니의 발목은 지워져 있습니다

할아버지와 할머니는
시큰시큰한 한숨을 수없이
파스처럼 붙였다 뗐습니다

관절로부터 넘친 물렁뼈의 행방,
할머니는 당신이 모르는 표정을 짓고 계시지만
할아버지의 얼굴엔 무언가 빠진 게 있는 것 같습니다

엑스레이 사진처럼 연골은 모두 닳고 없는데요
뼈로부터 넘쳐나는 통증과 통증 위에
흐린 날의 비구름이 묻어오고 있는데요

통통한 마디의 생김새가 소의 무릎을 닮았다는
쇠물팍, 접골초라 부르는 약초가 자라

들판 흙 속에 묻혀 있던, 할아버지 할머니의 무릎들이
푸릇푸릇 천천히 일어서서
나란히 발목을 짚고 걸어오고 있지 않겠습니까

이산 2005년 《문예운동》 신인상

산인역에서

| 이 상 규

특급열차가
마지막 남은 진달래 꽃빛마저 휘감아
낮은 산자락을 물들이고 사라집니다
떠나고 보낼 이도 없는 경전선 산인역
산장山莊으로 이름이 바뀐 역사驛舍에는
어제를 모르는 사람들만
밤이 이슥토록 이별노래를 부르는데
한켠으로 밀려난 간이역엔
완행열차를 기다리는 사내 하나
추억처럼 서 있습니다
풀 먹인 무명베옷에 보퉁이를 인
낯익은 어머니는 어디에도 없습니다
중리에서건, 함안에서건
어느 어귬에서 내려도 좋을
마산역 발행 승차권 한 장이
잊혀진 듯 레일 사이에 누워
봄비에 젖고 있을 뿐입니다.

이상규 1991년 《문학세계》, 2011년 《시문학》 등단. 시집 《사랑가꾸기》 《새첩다》 《여울물이 제 살갗 부비는 강머리에서》 외

유리그릇에 관한 명상

| 이 상 옥

얼마나 깨어지기 쉬운 그릇이냐
현미경으로 비추면 실금으로 가득할 그대여
매일 새 금이 죽죽 그어지고 있는 그대여
펄벅이 '슬픔을 안고 살아가는 방법'을 운위할 때
사람들은 더러 '성숙'이라는 고상한
테제These를 투영하기도 하더라만
뭐라고 하든 아직 지탱하고 있는 것이 고마워라
언젠가 깨어져 쏟아질
그 몸으로
생각하고
시를 쓰고
아이의 아비고
노모의 아들이다
아직, 흩어질 수 없어 단단히 죄는 불안한 몸이여

이상옥 1989년 《시문학》 등단. 시집 《유리그릇》 《그리운 외뿔》 외

고양이의 꿈

| 이 서 린

그 집에도 햇살은 찾아왔다
습관처럼 봄은
어린 꽃과 쑥 등을 데리고 다녔다
죽은 줄 알았던 가죽나무에
잎이 돋은 건 아마
제비가 다녀간 후였는지도 모른다

식구들 흩어지고
버려진 몇몇 가재도구들이 먼지처럼
앉아 조는 봄날의 한때
섬돌 위의 낡은 고무신
햇볕에 눈물 말리며 추억을 삭이고 있다
반쯤 떨어져 비스듬히 누운 녹슨 대문 곁
사라진 열쇠에 대한 기억으로
굳게 입 다문 자물쇠 철커덕
한생을 닫는 소리 땅 깊은 곳에서 울린다

이제는 바람만 울타리를 흔드는
아무도 오지 않는 집
그래도 끊임없이 드나드는 것은 고양이였다

빠르게 혹은 느리게 지나가는 세월처럼
변함없는 순례
한때는 밥 짓는 냄새 가득했을 부엌에서
어쩌면 다시 올 그 무엇인가를 기다리며 잠자는
살찐 고양이의 꿈이 달다

이서린 1995년 경남신문 신춘문예 당선

생인손

| 이 신 남

이 못난 손가락 어루만져 본다.
기억에도 없는 표적이 있다.
내 서너 살 적에
다친 한 순간이
제자리 뚜렷하게 차지하고 있는 것.
니가 고맙다 엄지.

엄지!
살갗 비집고
제자리 차지하며 빼곡 얼굴 내민 너는
잘 핀 꽃이고
세상 끝에 선 내 뒷모습이다.

*하필 다친, 이 손가락에 생인손이 와서 앓은 적이 있다.

이신남 2004년 《문학세계》 등단. 시집 《바다 네가 그리우면》

국밥과 주류일체酒類一切

| 이 영 자

아들딸 가진 부모 입장에
딴 사람이 재는 주류일체 집 아이다
재도 재도 하는 것보다
국밥집 아이들이다 라는 말이 좋은 배경 같아서
쇠고기 국밥은 큰 글자로 문 앞에 붙이고
주류일체는 작은 글자로 안벽에 붙였다
장사 끝나면
주류일체 처리는 어른이 하고
국밥만 아이들이 비웠으니
내 아이들은 주류일체와 아무 관계없다고
둘러댈 말까지 준비했는데
허, 그 틈에 숨어든 허리병 무릎 탈
문 앞에 붙인 것 때문인지
안벽에 붙인 것 때문인지
보탤 말도 뭉갤 말도 찾지 못하고
파스 조각만 대놓고 갖다 붙인다

이영자 1989년 시집 《초승달 연가》 출간 등단. 시집 《개망초꽃도 시가 될 줄은》 《식당일기》 《땅심》

비익조比翼鳥

| 이 월 춘

분홍 하양 노랑 천 년 숲
천상의 입술인가
함양 상림 연밭에서 보았네
어디 백전이나 마천쯤에서 오셨지 싶은
일흔 이쪽저쪽의 할매할배
수려秀麗와 고결高潔 사이
손을 꼭 잡고 거니는 미소 보았네
뒷짐 지고 그윽하게 함께하는
꽃 중의 군자君子도

살아생전에 비익조比翼鳥를 다 보네그려
그대, 내 입꼬리 보셨는가

이월춘 1986년 무크 《지평》과 시집 《칠판지우개를 들고》 출간. 시집 《그늘의 힘》 《동짓달 미나리》 《산과 물의 발자국》 외

태양 음반 요리사

| 이 일 림

찰싹, 삼신三神의 신호를 받기 무섭게 붉은 떡잎이 고갤 내밀어요 눈망울 동글동글 숨골을 엽니다 저 산 너머에서 누군가 붉은 은반을 굴려요 기지개를 켜던 사람들 하나 둘 페달을 밟으며 찰랑찰랑 저만치 능선을 넘는 사이, 앗! 애드벌룬처럼 두둥실 떠올라요

오늘은 당신이 포기한 고비 사막을 가보기로 했어요 당신은 내게 사막에서 잃어버린 낙타에 대해 물어보겠죠 인도 품바이에서 날아오는 피비린내와 이 사막의 모래바람이 레이더 반경을 가로질러요 태양의 향은 너무 강렬해서 음악 노선이 자꾸만 무너져요 접혀 있던 당신의 사막이 내 사막을 덮치고 있어요 이봐요, 우리가 기다리는 낙타는 왜 오지 않죠? 오늘의 반죽도 표면이 거칠어요 로큰롤을 선호하는 도우미 요리사는 끝내 오지 않죠

바람이 미는 그네의 솜씨를 따라가면 그 여자 높은 곳에서 시소를 타요 때로 세상은 위험한 맛도 보여주지요 지루하고 까다로운 오늘의 완숙을 위해 이제 프라이팬을 벌겋게 달궈야겠어요 나는 근사한 해오름의 성숙을 꼭 한번 요리해 보고 싶거든요

찰칵, 아침의 씨앗이 떨어지자 누군가가 재빨리 카메라에 심어요 저 바다의 귀에 걸린 귀고리가 통통통, 이제 막 발화를 했어요 귀를 연 수평선이 붉은 턴테이블을 깔면 우리는 눈을 감고 군침을 삼키죠 요리를 한다는 것은 별의 씨앗을 오보에협주곡 D단조 1악장으로 심는다는 것

자, 맛보세요 내일 아침 한 장이 다 구워졌어요

이일림 2008년 《시인동네》 등단

영원한 결핍

**영원한 결핍 때문에 만 개의 낡은 물건이 모였어요*
—쉼보르스카

| 이 점 선

쉼보르스카
눈이 내리고 있네요
잉태는 되었으나 빛을 보지 못한
부스러기
생명이 될 뻔했으나
홍안이 되지 못한 낱개의 문장들

쉴새없이 재잘거리고
재빠르게 달려왔으나
안기지 못했으나
마주 앉지 못했으나

오래 남아 있다
최소한 내가 죽은 뒤에도 살아남아
너무 길게 자라 물결이 되어버린
말 못 하는 어린 시절이
대낮부터 도착했으나 약속된 장소가
아니다 일방적으로 말하자면
시제가 어긋난 문장

나는 당신을 보내지 않았으나
그는 도착했다
내가 없는 플랫폼으로
여기가 아닌 다른 곳에서

이점선 2004년 《시와 세계》 등단

하얀 모자이크

| 이 주 언

첫눈이 와요 한 아이가 시베리안 허스키 쓰고 왔어요 헝겊모자 허스키가 학교로 놀이터로 게임방으로 쏘다니다 아동센터 의자에 척 엎드려요

리라를 뜯으며 허공에서 놀아요
요람을 기어 나온 아이가 암소의 내장 주-욱 빼내
암소 울음을 내장한 배꼽부터가 시작이에요
제단으로 가는 뱃길
흰 소 검은 소 누렁이가 나란히 배열되자 죽음의 참혹한 화음이 참 고와요
그 소리에 이끌려 거북이 달려와요
거북 속을 파내고 암소의 내장 가닥가닥 걸어요
태양을 막아서며 흩날리는 암소의 울림
엄마가 부르는 소리 같아요
엄마의 천 년 전 유골 속으로 얼음장 들추고 들어가요 태아처럼 몸을 구부려요

눈밭을 쏘다니던 기억이 허공의 현을 뜯고 있어요 뜯기는 내장 모자이크 화음으로 몰려들어요 썰매를 타며 밥그릇 뒤엎으며 엄마의 속 뒤집던 시절은 가고 없어 목줄 매인 시베리안 허스키 고개 치켜들고 광-광- 허공 울려요 목울대 뜨거운 것들이 하얗게 부서져 내려요

이주언 2008년 《시에》 등단. 시집 《꽃잎고래》

돌 탑

| 이 진 희

누군가 놓고 간 간절한 소망 위에
조심스레 내 소망을 얹는다
커다란 바람들

작은 돌멩이 하나에 담을 수 있을까
내 바람이 작아서일까 잠시 손이 떨렸다
순간 무너져 내리는 숱한 소망들
허망한 카타르시스

내 소망은 접어두고
먼저 두고 간 소망들을 생각하며
하나 둘 돌탑을 다시 쌓는다

이진희 《문학예술》 등단

우리가 우리 스스로에게 갇힌다는 것에 대하여

| 이 창 하

사실 난
오늘 내내 어제라는 울타리에 갇혀 몇 날을 짐승처럼
신음을 내본 적이 있다

내 옷자락에 묻어있는 어제의 관성이 나의 족쇄를
만들고 있었다.
사라지지 않는 내가 만든 우리 속에서
오래된 원한에 가슴 눌린 채, 늙은 짐승처럼 살아간
적이 있었다

초저녁 숙면에서 깨어나 모처럼, 창밖으로 찾아온
늦은 하늘 깊이 파인 거대한 손톱을 바라본다
모두의 말들은 깊이 잠든 채 짙은 거리의 소음을 지우고 있다
이제 내일의 예언 따위는 잊어버리자

이창하 2010년 《현대시》에 작품 발표. 시집 《케이코 요시다의 노래를 듣다가》

설야雪夜

| 이 현 우

봄날의 매화꽃 하염없이 지더니
겨울 와서 임 생각 더욱 아파라.
비원悲願인 양
높이 솟아 홀로 눈뜬 하늘엔
반만 남은 달
바라보면 율원리행行 아득히 멀어
가슴에 미리 새긴
하얀 발자국.

이현우 1974년 《시문학》, 중앙일보 신춘문예를 통해 등단. 시집 《오늘 날씨는 우리들 표정》 《문밖에서 부르는 노래》

시월의 사과꽃

| 임 신 행

영화가 끝나고
극장 안은 훤했다.

사람들은 줄지어 세상을 향해 가고
나는 설 수가 없었다.

내
수첩에서 지워진 그녀가
그토록 사랑했던 그녀가

자막으로 올라가는
시월의 사과꽃 같은
그녀의 이름!

나는
울컥 내미는 울음을 누르고 본
슬픈 영화.
그녀가 쓴 시나리오.

사람들은

훤한 세상으로 나가고

나는 설 수가 없었다.

시월의 사과꽃 같은 그녀로 하여……

임신행 1970년 서울신문 신춘문예 동화 당선. 동화집 《꽃불 속에 울리는 방울소리》 등 많음, 시집 《동백꽃 수놓기》 등 여러 권

황매산 철쭉제

| 임 채 수

황매산에서
음악 소리에 활짝 미소 짓는 미인들
포근한 바람에 옷을 벗는 철쭉을 보면
이 세상은 꽃구름 속 삶임을 알겠네.

꽃 피는 한때를 즐겨야 한다
망설이지 말고 찾아보라 활짝 피는 철쭉
철쭉 곁에서 술잔을 든 사람 얼굴들도
꽃빛에 익고 있는데

정상은 어떨까 궁금증이 오르는 길은
오를수록 꽃은 보이지 않고
푸석이는 먼지만 밟히니
오르다 한 점 먼지로 돌아갈 삶이여

꽃미인들에 둘러싸인 삶은
낮은 곳도 아니고 높은 곳도 아닌
칠부 능선에 있다는 것을
황매산에 올라보니 알겠네.

임채수 1999년 《시의나라》 신인상. 시집 《보이지 않는 길》 《당신께 이 꽃을 드리는 것은》 《신비스런 삶》 외

산행일기
―지리산 촛대봉에서

| 장 미 애

비 그친 세석평원 핏빛 철쭉의 노래
늦봄 하늘에 잉잉거려요

머나먼 성층권
독한 사랑의 새김질처럼
켜켜이 구름치마 두른 채
발그레한 촛대봉을 내려다보네요

노을 기다리는 동안
반야봉 육감적인 손길이
천왕봉 젖가슴에 닿을 듯해요

발아래 청학 연못에는
지난가을 벗어 논 붉은 잎들 아직 그대론데

또다시
지리와 몸을 섞은 오늘은
바람마저 야생입니다

장미애 1997년 부산 국제신문 6월항쟁 10주년기념 공모전 등단. 시집 《길 위에서》

뱀처럼, 또는 빗방울처럼

| 장 예 은

빗줄기가 나를 꽁꽁 묶네. 움직이지 말라고 무겁게 깔린 저음이 바닥을 흠뻑 적시며 굼틀굼틀 속삭이네. 저것은 매우 위험한 관능. 미끄러운 것의 미련의 치료제라네. 진창을 허우적거리는 빗줄기는 농염하다네. 풀린 빗방울이 팬티 속으로 뱀처럼 스며드네. 차갑고 냉정한 혀로 오른쪽 왼쪽으로 고개를 돌리라고 주문하네. 단추를 풀고 다리를 벌리고 가만히 다짐하네. 부동의 자세로 긴장만 하라 명령하네.

오지 않는 차원을 강요하네. 일거수일투족을 간섭하네. 시료를 채취하듯 감각을 정신을 자유를 의지를 부축하는 넝쿨들. 아주 능숙한 솜씨로 팔다리를 묶네. 주술을 상실한 팔다리가 맥을 놓으면 기다렸다는 듯 눈과 코와 입에서 고요가 흐르네. 불구가 된 바닥과 한 몸 되어 그늘 아래서 뒹구는 하늘. 빗줄기는 아직도 기다리라고 명령하네. 명상을 소일하는 정체불명의 새가 나뭇가지를 흔들며 우네. 길이 빗방울에 빠져 한없이 젖네. 사선으로 혹은 수직으로.

장예은 2005년 《경남문학》, 2007년 《시에》 신인상 등단

문인수 시인

| 장 인 숙

두어 시간 우열 가리기 위해
멀리서 고속도로를 버리고
꼬부랑길 짚어왔다는데
무슨 마음으로 꼬부랑 문장을 벌써 다 읽었는지
능선처럼 등이 볼록하다
한걸음 뗄 때마다 흐느적흐느적 물결 진다
점심으로 소고기 국밥을 내오는데
왼쪽 탁자 짚고 왼쪽 다리 접어
오른쪽 다리 붙이고 차례차례
천천히 밥상에 앉는 시간 엄숙하여라
시도 저렇듯 써내려왔을까
어느 잡지 209 페이지에 실린
조묵단전 읽어 내리는데 참,
깊다

장인숙 2002년 《문예한국》 등단. 시집 《그대가 보내준 바다》 《명품시집》

팽 이

| 전 문 수

모진 채찍에
미친 듯 팽이가 돈다
황홀하게 풀리는
천형의 단말마다

방 한구석에
천연히 쓰러져
뒹구는 나태와 권태
드디어 마지막 마조히즘의
변태까지
원죄의 슬픈 풀림이다

무거운 짐을 가득 실은
수레가 끌리는
황소의 느린 발걸음에도
채찍이 갈겨지는
저 원죄의 천형 보며
나는 놀라
내 삶의 원죄를 묻는다.

나도 천심의 채찍에 미치도록
피 흘려 보고 싶다

전문수 1964년 《경향신문》 · 1970년 《중앙일보》 신춘문예 동시 당선.
시집 《천문》, 동시집 《천심》 외

우포늪

—일출

| 전 병 철

살아 있다는 신선함으로
어두운 터널을 향해 숨막히게
돌진한다
앞을 가로막으며 내려놓은
무언의 시선이 비수를 꽂는다

고통이 따라야 하건만
누군가에 의해 잘려나간 것인지
흙먼지로 피해를 본 곳곳에 앉은
풋풋함에 때묻지 않은 시간이
넋을 놓고 물끄러미 능선을 훑는다

움직임을 멈춘 늪으로 터를 옮기고
홀가분함에 모두가 하나인 현실이
자신에 찬 메아리로 사람을 부르고
바쁘게 옮기는 당찬 생각은
그렇게 자리를 깔고 소풍을 즐긴다

거두어야 할 아쉬움에 젖어
던지는 소박함은 잔잔한 어울림으로

뱃사공의 노에 묻어 깊게 잠기고
오가는 모든 흔적은 길게 꼬리를 늘이고
높이를 키우며 허공을 안는다.

전병철 1997년 《문예한국》 등단. 시집 《제자리 찾기》 《콩 심은 데 콩 나고 팥 심은 데 팥난다》

그리움·2

| 전 성 경

그리움은
꽃비로 와서
대지의 꽃을 피웠어라

나마냥
임의 꽃 찾아
허공을 맴도는
나비로 날아

한순간은
그대와 나의 동행은
억겁 인연 있었어라

이승에
웃는 꽃으로 와서
울고 가는
꽃이라면

망부석
천년만년 새겨진
화석이 되고 지고
화석이 되고 지고

전성경 《문학공간》 등단. 시집 《난꽃 피던 날》 《구름 나그네》, 수필집 《삭풍에 피는 꽃》

낙동강

| 정 동 진

어디로 가는지 삼십 년 지난
오늘도 묻지 못한다

강가에 오면 긴 머리도
바람 따라 헤매고 싶은 걸까
떠나고 싶은 모든 것 이해한다

말없이 흐른다고
말없이 보내고 나면 그리움 된다
오래 핏줄에 살아 문득 마주치고 싶어진다

멀리 흘러가는 외길
오늘은 왠지
말없이 보내고 싶지 않다

정동진 1998년 《시세계》 작품 발표

그리움을 위하여

| 정 삼 조

봄에 만나는 사람은
키가 커 있겠다
쓸쓸함을 이기고
다시 쓸쓸함에 든 이여

겨울이 키운 꿈
귀에 아슴이는 풍경 소리는
절간에만 있는 게 아니다
느리면서 없으면서
봄은 가만히
빌딩숲을 덮고 있다

잠시 눈을 감으라
봄에는 눈이 커져
사람이 잘 보였으면 좋겠다

정삼조 1997년 《현대시학》 등단. 시집 《그리움을 위하여》

진양호

| 정 삼 희

기다리는 이 없어도 노을은 저녁을 향해 호수로 내려오고 있다
널 별만큼 사랑했던 시간, 적막을 두고 노을이 호수에 눕자
긴 그림자 기다렸다는 듯 불빛을 띄웠다
주체할 수 없는 흐드러진 칡꽃 향기 호수 가득 차오르자 무수히 퍼붓는 바람
달빛은 온밤 설국처럼 쏟아져 내리기 시작하였다

정삼희 2002년 《문예한국》 등단. 시집 《찰비산의 그리움》 《곡비》 《매화꽃 다시 피면》 외

적도에서 가을을 맞다

—우기雨期의 재구성

| 정 선 호

10월 필리핀 들녘에 갈대 줄기가 피었으며
억새풀도 산과 들에 피었다
들녘 한쪽에서는 벼를 추수 중에 있지만
다른 한쪽에서는 모를 심고 있다
필리핀은 계절은 우기와 건기로만 나뉘었으나
몇몇 식물이 가을을 만들며 모반을 일으켰다

우기 막바지에 기온이 좀 내려갔으나
창조자는 적도지방의 가을을 허락하지 않았다
몇몇 식물이 그걸 어기며 가을을 만들었으나
그걸 인정하지 않고 묵인해 줄 뿐이었다
적도지방에서 가을을 만들려면
우주의 모든 별들을 재구성해야 하기 때문이다

또한 조석으로 선선한 날씨 역시 가을임을 증명했다
저녁엔 냉방기가 불필요해졌으며
나는 한국에서의 가을 들녘과 산의 풍경 떠올렸다
마음에는 스산한 가을의 심상이 되살아났으며
애인과 이별하며 겨울 맞을 채비를 했다

적도의 우기엔 휴화산처럼 산과 들녘, 내 마음에서
조그마한 모반이 일어났다

정선호 2001년 경남신문 신춘문예 당선. 시집 《내 몸속의 지구》《세온도를 그리다》

다래끼 꽃

| 정 영 선

내 촉수는 온통 그에게로 뻗어있다
붉은 사춘기 쉼 없이 피고 지던 꽃봉오리
발작하듯 갱년의 가을 뜰에 다시 부풀어
달포가 지나도록 피지도 이울지도 않아
어둑살 삼거리에 몰래 나가
납작 돌멩이에 속눈썹 뽑아 올려
퉤퉤 침 뱉고도 못 미더워
자잘한 돌멩이로 다래끼 집 지어
누군가 걷어차길 간절히 빌었건만
앞 옷섶 실로 묶으면 질식해 시든다 하였건만
발기된 꽃봉오리 시들 줄 몰라
언젠가 농익어 노란 꽃술 드러내는 날
엄지 손톱에 십자가 긋던 탱자가시 끝에서 뭉텅,
하혈 쏟으며 스러질
화농의 넋

정영선 2004년 《한맥문학》 등단. 시집 《섬진강 연가》

부드러움에 대하여

| 정 유 미

들깨순 어린것을
단돈 천 원에 들고 왔다
터진 손등 너머로
풀썩 땀 냄새

"보드랍네예
우째 묵으믄 맛있습니꺼?"
부처님께 구하듯
한 말씀 기다렸다

"살~픈 구불리라"

살짝도 아니고
살큼도 아닌
삶는 것도 데치는 것도
아니 아니

오오
어머니
둥그신 그 한 마디.

정유미 2011년 《경남문학》 신인상 수상

붉은 저녁

| 정 이 경

아버지 떠난 오랜 세월에도
어머니 홀로
아버지의 고향에 계신다

사남매 끈 잇대어 떠나보내고
혼자 잠자리에 들고
혼자 일어나신다

삼십여 년을
매일 아침 홀로인 밥상에 앉아
홀로 수저를 드신다

혼자 목욕탕에 가시거나
혼자 병원 문턱을 밟으시는
사
이
에
붉은 저녁이 있다
구차한 변명이 길기만 할 내가
전화기를 끌어당기는

정이경 1994년 《심상》 신인상. 5인 시집 《시인은 다섯 개의 긴 더듬이를 가졌다》

물속의 묘지

| 조 경 석

창원천에 시티세븐이 잠겨 있다 설객雪客*이 외발로 서서 여울목 넘어다본다 가끔 어린 피라미를 낚아채 어디론가 날아오른다 눈 깜빡하는 사이 물 안팎의 허공이 구겨졌다 천천히 펴진다 하늘에서 지켜보던 구름떼 몰려와 물속에 하얀 무덤 하나 만들어 준다 수면 아래 무수한 목숨들이 오간다 고층 납골묘지의 모습이 서서히 드러난다 얼핏얼핏 나의 얼굴 그림자 스친다.

*설객 : 왜가리.

조경석 2013년 《경남문학》 신춘문예 당선

갈대

| 조 극 래

아버지는 늘 발목까지 젖어있었다
친구들 대부분 도시로 터전을 바꾸어도
강어귀에서 달빛만 헛그물질하고 있었다
관官에서 행하는 일에는 불만이 있어도
입 한번 열지 못했다
그런 날이면 낮은 사람은 굽실거려야만
심줄이라도 붙어 있다며
밤새도록 소주 나발을 불어댔다
바람이 불면 엎드리고
울지 못하는 서러움은
아무도 모르게 빗물에 씻어내야지
사내는 그런 개똥철학이 싫어서 자주 대들곤 했다
사내는 될 수 있는 한 멀리 벗어나려
힘껏 발걸음을 떼었다
양복을 입고 출근을 하고
몸에는 행여나 물비린내가 배여 있을세라
틈만 나면 향수를 뿌려댔다
그런데 어느 날 목욕 후, 거울에 비친 등짝을 보다가
꼬리뼈가 툭 튀어나와 있음을 보았다
아버지는 한두 사람의 공무원에게 굽실거렸지만

그동안 사내는 얼마나 많은 사람들에게 아첨하며
숨겨둔 꼬리를 내어 흔들었을까
밑을 보니 아!
사내는 무릎까지 흥건히 젖어있었다
그날 밤 사내는 뜬눈으로 바람을 맞았고
아버지와 사내는
속으로만 속으로만 울음 삼키는
갈대일 뿐이란 걸 알았다
제 스스로 몸조차 흔들지 못하는…

조극래 1999년 《문예사조》·《오늘의문학》 신인상. 시집 《답신》

슬픈 황혼

| 조 무 구

24시 편의점 앞
황혼 빛을 길게 이고
빈 박스를 줍는 아픈 허리
육신을 닮은 꼬불꼬불한 골판지
차곡차곡 유모차에 싣는다.

얼마간 모은 빈 박스와 폐지는
슬픈 황혼인생의 젖 이 되어 주고
수없이 모아온 폐박스는
다시 새 박스가 되어
새 상품을 담았다가 어디에선가
첫사랑 아픔처럼 다시 만나는 인연

보안등 희미한 집으로 오는 길
교회 십자가에 꽃이 피고
멀리 고압선에 걸렸던 낮달이
파리하게 흔들리고 있다.

조무구 《창작문학》 신인상

3월

| 조 은 길

벚나무 검은 껍질을 뚫고
갓 태어난 젖빛 꽃망울들 따뜻하다
햇살에 안겨 배냇잠 자는 모습 보면
나는 문득 대중목욕탕이 그리워진다
뽀얀 수증기 속에 스스럼없이 발가벗은
여자들과 한통속이 되어 서로서로
등도 밀어 주고 요구르트도 나누어 마시며
볼록하거나 이미 홀쭉해진 젖가슴이거나
엉덩이거나 검은 음모에 덮여 있는
그 위대한 생산의 집들을 보고 싶다
그리고
해가 완전히 빠지기를 기다렸다가
마을 시장 구석 자리에서 날마다 생선을 파는
생선 비린내보다 니코틴 내가 더 지독한
늙은 여자의 물간 생선을 떨이해 주고 싶다
나무껍질 같은 손으로 툭툭
좌판을 털면 울컥 일어나는 젖비린내
아- 어머니
어두운 마루에 허겁지겁 행상 보따리를 내려놓고
퉁퉁 불어 푸릇푸릇 핏줄이 불거진

젖을 물리시던 어머니

3월 구석구석마다 젖내가 어머니
그립다

조은길 1998년 중앙일보 신춘문예 당선. 시집 《노을이 흐르는 강》

새 벽

| 조 재 영

낮과 밤이 잠시 이별을 하는 사이

깊은 절에선 법고가 울리는 사이
숲에선 자벌레 한 마리가 허리를 접었다 펴는 사이
살아온 날들을 가만히 되짚어 보는 사이
살아갈 날들을 가만히 기약하는 사이
내 안의 어둠이 밀려왔다 밀려가는 사이

사람 하나가 깊은 안개 속에 발이 빠지는 사이
누군가가 일으켜 주는 사이

조재영 1992년 경남신문 신춘문예 당선

희미한 사진 한 장

| 조 종 명

시간은 부서지지 않는다
되새기며 흘러간다
계견성이 날을 깨우면
골목을 나와 머리를 감는 푸른 연기
덕산들 밭봉재까지
수를 놓다가 지운다
그 마을 사람이 나고 죽는다
전쟁이 지동처럼 짓이기고 지나간다
조리도 없고 이유도 없다
불탄 마을엔 초가집 몇 채만 남는다
찌그러진 채로
짚단을 들고 처마밑을 돌며 불지르는 것
나는 보았고 살려고 쫓겨 다녔다
이념도 몰랐고 무섭기만 했다
피란이라고 말했다
어디로 가야 피란이 되는지 몰랐다
아버지는 먼저 가시고
할아버지는 뒤에 가셨다
어머니는 평생이 철천의 울음 한숨
그 어른도 가셨다
동생은 먼저 가고 오래비는 살아 있다
죽으려 하던 사람이 살기도 하고

죽어야 될 사람이 살았다
주리고 헐벗어도 살아남았다
이제
도깨비가 다니던 구불구불 논두렁은 없다
찬겨울 그 두렁 따라 줄섰던 짚동도 없다
빛바랜 흑백사진 속으로 들어간
저 초가집은 아마 대실댁이다
빨치산을 자수시켜 살게 해주었던 분이 살았던
대실어른 댁이다
세상에 죽음보다 더 무서운 것 있던가
난리통에도 살 수 있는데도
죽는 것을 취하는 사람도 있었다
만고의 처량보다
일시의 적막을 취하라지만
죽는 것을 고향집 가듯
그 경계 넘어선 어른도 더러는 보았네
어둠을 억지로 물리는 저 등불 켠 풍경
바람 한 자락 큰 잣나무 흔들고 간다
나도 떠나야 한다

조종명 1992년 《농민문학》 등단. 시집 《소나무는 외롭지 않다》 《긴 길에서 만난다》

가을 단상

| 조 홍 제

외출했던 딸애가 가져온
볼품없는 노란 소국 화분
시들고 초라한 꼴이
나를 닮은 것 같아
무시하고 외면하다가
다음 날 슬쩍 물 한번 주었더니
꽃이 입을 열었다
고맙다고 너무
목마름 너를 감금한 포주
달아나고 싶었던 마음을
진정하고 있나보다
누렇던 얼굴이
노랗게 생기기 돌았다
그날 이후
샤워기로 조심조심 목욕시키면
빙긋 미소까지 짓는다
그저 눈길 한번 주었더니
웃어주고
그저 손길 한번 주었더니
사랑한다며

국화꽃 망울 망울로 앙탈이다
하루하루 너를 바라보다
하루하루 나를 사랑하다
죽어가는 것들을
죽어가는 나를 향해
그렇게 가을은 말갛게 피어나고
비몽사몽 살아온 내 인생
긴 잠에서 깨어났다
나도 살. 고. 싶. 다
잠꼬대처럼
생의 벽면에 온통 무늬가 노랗다

조홍제 2002년 《자유문학》 등단

못

| 주 강 홍

얻어맞기 알맞게 대가리를 키웠습니다.
맞은 것만큼 상처를 주기 위해 날을 세웠습니다.
급소를 얻어맞고 자지러지는 목재의 깊숙한 곳에서
아픔의 끝은 날카롭다는 것을 알았습니다.
간격을 겨냥한 먹줄 위에서
낯설게 튼튼히 박혀야 하는 것도
비로소 그것도 제자리임을 알았습니다.
두 개가 하나가 되기 위해서는
원래 하나가 두 개여야 했습니다.
지금 어느 깊은 상처를 위하여
적당한 대가리로 준비하고 있습니다.

주강홍 2003년 《문학과 경계》 신인상

개버리길에 들다

| 주 선 화

한입 베어 먹다
깜짝 놀란 하늘이 아 태태, 하고 뱉어낸
연초록의 물결이 개버리 길에 있다
사부자기 걷다보니 절벽이요
하늘바라기로 우두커니 서서 초록 강에 갇힌다
민얼굴 같은 영아지에 앉아 으름이 타고 오르는
푸른 길을 본다
백화등이 꽃을 물고
졸방제비가 가쁜 숨 몰아쉬고
기린초가 츠렁바위에 앉아 강가로 몸 돌릴 때
바람 한 자락이 몰고 온 구름떼가 시나브로 흘러들어
볼눈으로 쳐다보는 낙동강 강줄기 어느 쯤에선
원앙 한 쌍이 물장구쳐댈 것이고
절벽 아래 이팝나무 화르르 꽃 피워
몸 던져도 아름다우리
끊어졌다
이어졌다 끊어진 길
힘힘히 만들어가며
오늘 하루만이라도 다 비워버리자고
창아지의 너른 들 어디메쯤

바람 한 자락 몰고 와 선선히 불고 갈 것이니
하늘 높은 줄 모르고 오르는 대나무 숲길에
긴 장대 하나 붙들고 끝없이 타고 오르고만 싶은
오월 그 푸르른 날

개가 처음 길을 내었고
개만 간신히 다닐 수 있는 개버리길에
내가 갇힌다

주선화 2007년 서남일보 신춘문예, 《시와 창작》 신인상. 작품집 《호랑가시 나무를 엿보다》

엽서

| 진서윤

꽃이 심어진 바다가 도착했다

한 페이지로 끝난 민낯, 우편엽서 모서리에서 일기 시작한 보풀은 밀봉될 수 없는 바람의 최후 같다

모래사장은 아직 사용하지 않은 수만 장 엽서다. 크고 넓게 말하고 싶었던 것들을 쓰고 돌아서면 파도는 두 발로 쓱쓱 지우고 간다

화면 가득 번지는 물그림자 안쪽으로 중지 안쪽 펜 혹에 잉크를 묻히고 썼을 간결한 말 줄임. 우리에게 가닿지 못할 아득한 한낮이 있었으니 한겨울 외투 호주머니에서 나오지 못한 손난로처럼

두 사람만이 아는 국어로 보내온 오래된 독백을 본다

진서윤 2013년 경남신문 신춘문예 당선

6·25전쟁이 남긴 저녁

| 차 영 한

자꾸만 무엇이 섭섭해 하는 갈대밭저녁
발걸음은 집을 향하면서 뭔가 찾고 있는
내 마음도 휴전선으로 분단 된지 오래

열대여섯 살 때쯤인가 터진 귀 고막고름
나오고 무너진 하늘이 피똥 싸는 보리누름
푸서리에 누워 울던 배고픔 보듬고 몸부림으로
날다가 되날아오며 부르짖는 왜가리 떼

원통하게 산화한 채 허리 뼈 굽어지는 산하를
긴 목을 뽑아 혈육 찾는 핏덩이 맺힌 날갯짓으로
헤매다 그래도 만날 수 있는 곳은 비무장지대
시린 무르팍만 적시는 기다림도 타깃 안에 든
임진강 저녁 떳떳이 손잡고 거닐고 싶어도
추호도 한 발자국 물러 설 수 없는 대치
감청색 물비늘로 포복하다 들킨 지뢰밭 여울목
냄새도 얼어버린 독극물 마신 불빛 훈영暈影
소리 없이 죽어가도록 그냥 침묵만 쌓아둔 곳

겨우 살아남은 재두루미 떼 만남도 못 마땅해
간헐적으로 서로 겨눠보는 근질근질한 총구나 늘
가늠자위에 얹어놓고 설설 부추기는 바람소리 잠재우는
임진강은 내 저녁눈물로 겨냥하며 흐르고 있나니

차영한 1979년 《시문학》 등단. 시집 《섬》 《살 속에 박힌 가시들》 《캐주얼빗방울》 외

넝쿨의 힘

| 천 융 희

미동 없이 누워있는 긴 복도를 따라
묶인 방들의 초점이 흐릿하다

입을 반쯤 벌린 채 뱉어놓은 말의 잔해들

출구를 찾지 못한 감정은
한동안 회오리치다 복도 끝
하얗게 소멸된다

숨을 연결한 넝쿨의 힘은 세다

대부분 설원을 헤매다 밀려온 사람들
급하강에 얼어붙은 관절을 펴자
물컹하게 내려앉고 마는데

누가 자꾸만 푸른 행간을 늘이는가

비밀히 적어내린 문장은
문장을 잇고, 그것은 필시 마지막 추방서 같은 것
이미 반 접힌 생의 몸피
제 몸 위 펼쳐 놓고 바짝 졸이고 있는 것

시간의 담장을 타는 거친 숨소리
하얀 진액 바닥을 뻗대고 주춤거리다
마른 숨 하나 바닥에 툭,

흘러내린 오후
중심을 놓친 침상마다 개켜진 외출이 반듯하다

요양원의 방 문짝은 항시 열려 있고
복도를 열면 환한 빛의 넌출
아담하다

천융희 2011년《시사사》등단

목련꽃 당신

| 최 경 화

붓다의 무지개 타고
이 땅에 오신 당신은
평생을 국모國母로
관음 행을 하시며 학같이 사시다
홀연히 가신 당신이여
들풀까지도 통곡했던
머언 역사는 흘렀습니다
여덟 봉오리 팔봉암 인연이
바위구멍 뚫고
이 도량 예경 소리에 무상 깨달으며
영혼은 살아서 우리 곁에 오시니
백목련 꽃말은
무엇을 의미하신지요

최경화 1998년 《한맥문학》 등단. 시집 《세월의 흔적은 강물처럼》 외 4

사 향

| 최 광 형

어제 내린 비가 장독 뚜껑에 고였습니다
눈살을 찌푸리는 물
거울삼아 바라본 물속에 바람이 지나갑니다
나무가 흔들립니다
얼굴 하나 낯설어 돌아섭니다. 마치 떠난 사람을 잊듯이
못내 아쉬워 다시 그 물속을 봅니다

꽃그림자의 나직한 음악 소리
유년시절 시냇가에서 처음 피라미를 본 후
연못에 물고기 키우는 꿈을 그림처럼 간직하였는데,
초로의 나이에도 가득 물의 그리움이 젖어듭니다

물을 버립니다
일순, 그 물속의 흔들림, 신비가 사라집니다
그 물을 버린 손이 잃어버린 영상을 위해
깊은 그리움에 잠깁니다.

최광형 1993년 《농민문학》 등단. 시집 《사향》

주산지注山池

| 최 대 식

마르지 않는 천륜
묵묵한 기다림
툇마루 어머님 같은
외진 산골 호수

젖은 뿌리가 마셔 온
이백 년 세월
여름 이파리 핀
서른 그루그루

찾아온 바람 호수를 흔들면
청잣빛 반영反影은 춤을 추는데
고목은 여름 길을 물어
골짜기에 깊숙이 묻어놓는다

*주산지 : 경북 청송에 있는 자그마한 연못. 물속에서 200년생 왕버들 서른 그루가 자라고 있다. 김기덕 감독의 영화 〈봄, 여름, 가을, 겨울 그리고 봄〉의 촬영지이다.

최대식 2005년 《문학21》 등단. 시집 《겨울 바다》

7년 만의 사랑

| 최 두 환

어두운 땅속에서 7년을 굼벵이로 지냈다
눈이 어두워 보이지 않으니 나무뿌리 옆에서 비틀며 뒹굴며
나무 수액만 빨아먹고 살았었지.

사랑을 하고 싶어 세상에 나왔다
열댓 번의 탈피를 거치며, 2시간 동안의
또 다른 고통의 탈바꿈(羽化)을 했어도
남은 건 시한부 인생으로 보름뿐이다.

울어라 열풍아 밤이 새도록
녹수도 청산이 그리워 울어예어 갔었지
귀또리 지는 달 새는 밤의 긴 소리 울어예어
사창에 여윈 잠을 살뜰히도 깨우기 전에

'인걸도 이와 같아 가고 아니 오노매라' 던 황진이의 노래처럼
7~8월 여름 한철 밤낮없이, 밤낮없이
참매미, 유지매미, 깽깽매미, 애매미, 털매미, 저녁매미
쓰르라미, 소요산매미, 세모배메미, 호좀매미
두눈바기이좀매미, 풀매미, 고려풀매미…
이들의 합창을 '암매미들은 들어라, 들어라! 사랑만 하리라!' 고

이 보름 동안의 사랑을 위하여
그 기나긴 7년을 어둠의 세월이 있었노라!고

행복은 기나긴 고통의 결실에서 영광스러울 뿐
그 고난의 세월을 탓하지 말지니.

최두환 2009년 《한맥문학》 등단. 시집 《7년만의 사랑》 《목련의 옛 사랑》 《리순신, 승리의 노래》 외

비행일기

| 최 석 균

날개를 차단한 공간에서
비행 물체의 출현
초파린지 모긴지 난데없다
출처를 찾아 따라다녀 보니
묵힌 포도 봉지와 양파 박스에서
날개들이 솟는다

쉰내 썩은 내를 타고 나오는
무명의 펄럭거림
몇 굽이 시공을 건너온 생명들이냐
반복이, 반복된 몸의 일부가 날개가 되어
마침내 저 허공에 이르렀으리라

버려뒀거나 잊고 있었던 것은
날개를 띄우는 힘이 있다
별 너머 날아간 묵은 사랑이 그랬고
신천지에의 꿈이 얼룩져 있는 탈피 자국이 그랬다

날것, 깊숙이 던져져
달콤한 암흑을 빨아먹던 벌레들은
일생의 허물이 거듭 벗겨지길 기다렸으리라
벼락같은 탈바꿈을 보라
눈뜨고도 믿기지 않는 비행을 보라
날것들의 기나긴 여정을 위해
부패는 반복되고 공간은 지워지고 있음을

최석균 2004년 《시를 사랑하는 사람들》 등단. 시집 《배롱나무 근처》 《手談》

들판의 초록빛

| 최 순 용

저수지 밑 바닥이 거북등처럼 갈라지는 날 들판은 마르고
우리는 그대를 잊어 버렸네

대지의 초록빛이여
머리 위로 불타던 태양이여
봄바람에 출렁이던 밀밭이여

오곡 무르익는 들판 속을 들락거리던
우리 아버지 어머니도 다시는 보이질 않네

희미해질수록 버선코같이 질긴 그 그리움
가슴속 쥐어뜯는 쓰라림, 슬퍼하지도 그리워하지도 말자

빛나던 들판의 초록빛이여
가득했던 저수지 물빛이여
아버지 어머니여

우리에겐 그렇게도 소중했던 빛이었건만
이젠 다들 떠나고 없다 그러나
새로운 꿈 펼치며 꿋꿋하게 살아가야 하리.

최순용 2003년 시집 《귀향》 출간, 《제3의 문학》 추천 등단. 시집 《달빛 어머니》

내 친구 수만이

| 최 영 욱

중학교를 졸업하자마자 아버님 돌아가시고 억센 생활의 눌림에 집을 나선 수만이는 부산의 자갈치 바닥을 떠돌고 떠돌더니 어찌어찌 얻어 탄 모 선박회사의 상선 오대양을 누비면서도 땅속 같은 기관실의 시다로 창창 푸르른 바다 함 제대로 못 봤다고 궁시렁대다가 20년 바다 생활을 청산하고 늦장가 들어 어머님 모시고 옹기종기 아기자기 사는 것 같더니 어느 바람 찬 새벽 온다간다 말도 없이 내뺀 마누라 찾는다고 이 도시 저 도시 이 바닥 저 골목을 어지간히 헤매고 다니더니 요즘 들어 마음 잡고 바다처럼 늘 푸른 산이 좋다고 군청의 산불 진화대에 들어가 세상사 도 튼 듯 야무지게 사는 것 같아 마음 놓이더니 술만 취하면 내가 소설 속에서나 읽었음직한 낯선 이국의 항구들이 줄줄이 튀어나온다 알렉산드리아, 이스탄불, 바랑키야, 리마, 시드니, 상트페테르부르크 등 그의 입에선 푸른 바다들이 튀어나온다.

그에겐 뭍이란 커다란 암초일 뿐이었다.

최영욱 2001년 《제3의문학》 천료. 시집 《꽃가지 꺾어 쳐서》

고단한 별, 발을 위하여

| 표 성 흠

내가 울 때는 시를 쓸 때다
배리란 항용 있는 것이고 보면 아무것도 아닐 수 있다
목욕탕에서 때를 밀듯 비누칠을 하면 그만이다
만남도 헤어짐도 그렇다 기도 또한 마찬가지다
대가리만 있어선 소용없다 발을 이고 다닐지니
고단함과 꿈과 별은 하나로 형성되어 그림자를 만든다

내가 시를 쓸 때는 이 그림자를 붙들고 울 때다

표성흠 1970년 대한일보 신춘문예 당선. 시집 《네가 곧 나다》, 창작집 《선창잡이》, 장편 《토우》 전 6권 등 낸 책 123권

달빛반야

| 하 영

소나무 가지에 걸린 달빛으로
정갈한 옷 한 벌 지어
숨 멎을 듯 그리울 때,
마음이 그대에게 가자고 할 때마다
꺼내 입으리

그 마음길,
댓잎에 사운대는 바람 소리
산짐승 울음소리 발자국 소리는 물론
풀벌레의 숨소리까지 고이 싸서
아스라한 하늘 저쪽
아득한 하늘길에 던져두리

저 옷 한 벌,
추운 이들
바라만 보아도 참으로 따뜻해지리

하영 1989년 《문학과 의식》 등단. 시집 《빙벽 혹은 화엄》 《자귀꽃 세상》 《햇빛소나기 달빛반야》 외

메 꽃

| 하 연 승

사춘기 그때부터 초심의 시를 쓰던.

같이 쓰던 친구를 떠나보내고
나는 본다, 혼자 서서

60년 전의 분粉이!

하연승 1952년 《영문》 첫 추천. 1971~1972년 《현대시학》, 《월간문학》, 《시문학》 등에 작품 활동. 시집 《이슬의 탄생》 《나비의 생태학》

가고 있네

| 하 영 갑

가네!
가고 있네!
떠나가네.

볼 것과 들을 것이 함께 가고
맛까지 사라지니
잘 지내던 기운까지 따라 떠나네.

기운 가고
몸 가니
마음까지 떠나네.

아는 이
하나, 둘, 가고 또 가니
친한 이 둘, 셋 따라가고 있네.

뜨거운 사랑 맑았던 영혼
느낌 없이 떠나기 전
어설펐던 미소에 점찍어 주렴.

하영갑 2006년 《문학 21》 등단

훈 장

| 한 영 순

묵은 톱 한 자루 올려놓고
두 시간째 쇠줄과 씨름 중
무딘 날 고르느라 늙은 나무의
꾸부정한 자세
가끔 허리 폈다 다시 다듬는
저 끈기
아야야, 토해내는 신음은
생김 찍어먹는 간장 같은 것
누구도 말릴 자 없다
옹이가 찬란하게 빛나는
마디 마디의 손
생전 어디서 훈장 한 개 받으랴
산골 할배 반질하게 닦는다
싸라락 고집으로 닦는다

한영순 2005년 《시와비평》 신인상

꽃무릇, 비워둔 자리

| 허 미 선

떠남은
마른 풀잎 위에 내린 이슬처럼
또 다른 시작을 준비한다
해와 달이 무수히 지나가도록
옹골찬 소망 품어 가꾸고 부풀리던 자리
물가로 끌고 가는 말고삐를 쥔 손이었다
한 숟가락 더 먹이던 어머니 마음,
부끄러움과 아픔을 덮어 주던 꽃이불이었다
그 붉디붉은 정열 굳게 대궁을 올리고
끈질긴 사랑으로 타올랐다
나비도 벌도 숱한 곤충들 배불리며 쉬게 하고
뭇사람 흠모하던 고고한 자태
아낌없어라
꽃잎은 퍼즐처럼 떨어져 나가고
한 개 대궁마저 소실점으로 거두어도
까마득한 기억에 치켜든 정열이 남아
비워둔 자리
마침내 잊힌 사랑을 담아내는
창창한 푸른 잎사귀가 돋는다
꽃무릇,
아리도록 눈부신 시간의 충만함이여

허미선 1995년 《문예사조》 신인상. 시집 《굵은 웨이브 머리카락》

책, 무너지다

| 홍 종 기

와그르르 책이 무너진다.
책 사이에 끼워 둔 널빤지가
사정없이 생각을 내리친다.
지금까지 그렇게 잘 참았는데

책 속에서 닿소리가 흘러내린다
널빤지에 뚝뚝 떨어져 쌓인다
내 골방은 따라 내린 홀소리가 같이
말라버린 마음을 흥건히 적신다.

천장 높은 줄 모르고 위로만 기어오르던
마음이 노怒하고 있다.
문장이 젖고, 언어가 쥐어짜듯
가난의 벽을 뚫고 나온다.

다행이다. 죽어 있지 않았구나.
문학이 살아 있었구나.
바람같이 숨 쉬고 있었구나.
문풍지 떨듯 파르르 떨며 울고 있었구나.

홍종기 2003년 《문학 21》 등단. 작품집 《어머니의 강》 《앨범 속에 내리는 비》

지리산 편지

| 황 숙 자

누님
찔레꽃 천지 사방 환하게 피었으니
맘 상하는 일 있거들랑
고향으로 오이소
귀농한 지 수년 되어 가는
녹차밭 한켠 바위 같은 내 동생
화개 골짜기에
분 삭이는 기별 이랑처럼 패여서
섬진강 은어떼 소리 다 모아
온 밤을 채우고
별빛마저 비수가 되어
시리도록 꽃비가 되어 흩날리는 날
그래
돌아갈 곳이 있다는 건
지리산 자락 힘줄 같은 신작로 지나
불빛도 눈빛처럼 껌벅대는 저 골짜기에
남 몰래 찔레꽃 한 움큼 흩날리는 일이구나.

황숙자 1993년 《시와시론》 《문예정신》 신인상

생명의 거처

| 황 시 은

해가 뜨기 전 정원에서 직박구리와 마주한다

그 아래에 붉은 살이 웅크리고 있다

초록 알들을 바람이 쉬지 않고 어루만지고 있다

작고 동그란 것이 부화되기 전 모습이다

어미의 자궁이 토해낸 직박구리다

붉은 혈관들 심장처럼 촉촉하게 담겨 있다

이파리 바람에 흔들리자 후드득 물방울 떨어진다

뒤집어썼다

한 마리 두 마리 세 마리 네 마리

세수를 시켜 주었더니 말쑥해진 주둥이로 먹이를 달란다

얼른 하나를 대나무 버팀목 끝에 쿡 끼워 걸었다

그런데 네 부모님은 어디 가셨니?

소쿠리에 잘 익은 것들만 따 담아도 가득하다

단풍나무 가지 빈 둥지 속 불그레한 덩어리들로 그득하다

붉은 혈관들 바람 속에 날아오른다

새벽이 물고 나른 부레들이 줄기마다 헤엄쳐 다닌다

살과 뼈 사이를 양수로 이어주던 시린 혈관들이 과육이다

하늘에서 단풍나무 가지로 둥지에서 시린 자궁까지

그 심장들 고요하게 이어지고 있다

바람이 쓰다듬고 지나는 깃털들 싱싱하다

콕, 과육을 한입 가득 베어 물고 날고 있다

빈 둥지에 자꾸만 시선이 간다

토마토는 수많은 알들을 내장 속에 감추고 있었던 것이다

곧 또 한 번 생명의 거처가 정해질 것 같다

황시은 2007년 《시선》 등단. 시집 《난 봄이면 입덧을 한다》 《예쁜 예감》

꽃 피고
꽃 진 자리

묵계默溪

| 강 경 주

묵계,

라고 쓰는데 손가락이 아리다

느낌 같은 산새 울음

적막으로 돌아오는 매서움

눈발도 벌벌 떨다가 벼랑을 기어 오른다

수백 척 암두에서 관절을 꺾고 뛰어내리는

서슬 푸른 침묵의 뼈 얼어터지는 꽃잎들

잠자던 멧노랑나비 속눈 떴다 감는다

강경주 1984년 《현대시조》 천료. 시조집 《묵계》 《노모의 설법》 등 9집

천왕봉 일출

| 강 호 인

익숙한 것들과의 작별이 필요할 때
영혼에 더께 앉은 군더더기 떼내야 할 때
지리산 새벽 탐방로 홀로 나를 견인한다

귓부리 후리는 한기 키질하는 바람결에
한 생애 꼬옥 품었던 서원조차 날려버리면
비로소 개안의 환희 번개 치듯 올 것인가

부르는 이 없는 길도 걷다 보면 느낌 온다
여명 빛 서서히 밝듯 맑아오는 가슴속에
만유는 제 모습대로 그냥 있는 그대로

나무들 가지마다 상고대 황홀한 향연
눈 들어 내려다보면 운해 또한 장관이라
화엄이 따로 있겠는가 숨을 몰아 내뿜는다

백 번 보고 이백 번 봐도 그 자리에 박혀있는
천왕봉 표지석 기대어 동녘 하늘 바라보다
둥두렷 솟아오르는 해 두 팔 벌려 맞는다

강호인 1980년 《현대시조 · 시조문학》 천료 및 신인상. 시조집 《山天齋에 신끈 풀고》 《따뜻한 등불 하나》 《그리운 집》

하 산

| 강 홍 우

규정 속도 달려온 길

내리막 험난하다

반백半白은 물들여도

가지 끝 마름이야

백약이

무효일거니

꽃잎 지듯 가리라.

강홍우 《앞선문학》 등단. 퇴임문집 《송정 강홍우 발자취》

산정마을

| 공 영 해

9월 산정 아람 벌자
물빛도 단풍입니다

어디서 소 울음소리
산초향을 피우는데

폐교엔

녹슨
종
소
리

명아주로
길 자라고

공영해 1999년 《시조문학》 등단. 시조집 《낮은 기침》 《천주산, 내 사랑》

목련꽃 지는 날

| 김 교 한

지고 싶어 지는 꽃이
어디에 있겠는가

가신 봄 데려다 놓고
제 먼저 길 떠나니

바람도 어지러이 불어
상처만 내고 있다

김교한 1966년 《시조문학》 3회 천료. 시조집 《대》 《미완성 절경 한 폭》 외

박꽃

| 김동렬

낮은 싫어 차마 부끄러워
새댁 같은 초승달 아래

살포시 옷섶 풀면
가슴마다 안기는 별

백자 빛
청아한 꿈이
소심素心으로 익어간다

김동렬 1988년 경남신문 신춘문예, 《시조문학》 천료. 시조집 《물레야 물레야》 《우화등선을 꿈꾸며》

겨울 화진포

| 김 만 수

뭍으로 가고 싶은 간절한 몸짓이다
흰 속살마저 포구에 내던지는 저 항변
인고忍苦의 꽃이 문門 여는 푸른 꿈이 시리다.

잡아둘 겨를도 없이 쏴–아 밀려왔다 가는
우주의 긴– 비음琵音 몇 겁劫을 울리다
물기둥 흰 깃발 세워 바닷새(鳥)로 날았다.

김만수 1996년 《문예한국》 시조 천료. 시조집 《고인돌에 부는 바람》 외 3권

상 흔

| 김 민 주

성냥을 긋는다
상흔을 지핀다.
혼절한 통곡 소리
치마폭에 묻어 두고
벌겋게 달아오르는 한 줄기 불길 속으로.

육肉이 남긴 한줌 재
허무 되어 날아갈 제
동강난 혈육의 정
서릿발로 돋아 있어
비틀린 연기 따라가
하늘 찾는 내 영혼.

태어나 산다는 것 죽음 향해 가는 것을
태워야 할 생의 무게 타고 말 육의 껍질
흰 재로 삭은 내력 속에 지펴 문 불씨 하나.

김민주 1999년 《시조문학》 신인상. 시조집 《그리움은 바다가 된다》 《그 사랑은 걸작품》

새들의 생존법칙

| 김 복 근

설계도 허가도 없이 동그란 집을 짓고 산다
작은 부리로 잔가지 지푸라기 물고 와
하늘이 보이는 숲 속에서 별들을 노래한다
눈대중 어림잡아 아귀를 맞추면서
휘어져 굽은 둥지 무채색 깃털 깔고
무게를 줄여야 산다 새들의 저 생존법칙
대문도 달지 않고 문패도 없는 집에
잘 익은 달 하나가 슬며시 들어와
남몰래 잉태한 사랑 동그마한 알이 된다
울타리 없는 마을 등기하는 법도 없이
비스듬히 날아보는
나는 자유의 몸
바람이 지나가면서 뼛속마저 비워냈다

김복근 1985년 《시조문학》 추천 완료. 시조집 《새들의 생존법칙》 외, 논저 《생태주의 시조론》

점묘하듯, 상감하듯

—애벌레

| 김 연 동

개망초 흔들리는
성근 풀밭에 누워
비색翡色의 하늘 위에
점묘點描하듯 상감象嵌하듯,
진초록
내 작은 꿈을
가을볕에
널고 있다

탱자나무 울타리에
허물 한 짐 벗어놓고
나방으로 날고 싶어
잔잎마저 갉아먹는,
그 속내
죄다 비치는
퉁퉁 부은
애벌레

김연동 1987년 경인일보 신춘문예 당선, 《시조문학》 천료, 《월간문학》 신인상 당선 등으로 등단. 시조집 《점묘하듯, 상감하듯》 《시간의 흔적》 《휘어지는 연습》 외

범칙금

| 김 윤 숭

두 눈을 부릅뜨고
경찰들이 노려본다

규칙을 잘 지키는
모범생은 관심 없다

안전띠 안 맨 차량이다
넘 반가이 달려든다

김윤숭 2009년 《시조문학》 등단. 저서 《지리산문학관 21》 외

몸에게

| 김 정 희

누구일까 낯선 그림자 먼 길을 돌아왔다
초록 세상 멀리 두고 저문 숲에 드신 그대
한 사람 오직 한 몸을
목숨바쳐 섬겨왔거니

마음이 깃드는 것 집인 줄 알았더니
강물이 낙조를 안고 바다로 흘러가듯이
그림자 길게 드리우고
어디론지 가고 있다

김정희 1975년 《시조문학》 등단. 시조집 《빗방울 변주》 외, 수필집 《차 한잔의 명상》 외

과속 방지턱

| 김 종 영

덜커덩
감당 못한
절정의 단풍 길에서

네 얼굴
눈에 밟혀
주춤주춤 하는 사이

가을은
여우 꼬리처럼
방지턱을 넘고 있다

김종영 2011년 경남신문 신춘문예 당선, 《서정과현실》 신인상, 한국시조시인협회상 신인상

내 마음의 낙관

| 김 진 희

단숨에 빨아들이는 그런 글 없을까요
안개비 젖어들듯 촉촉이 젖는 가슴
볕살도 좋은 어느 한낮 잘 여문 알곡처럼
첫 만남에 설레는 설익은 풋정 말고
고열에 펄펄 끓어 단 내음 물씬 나는
영혼을 빚는 도자기 도공의 손길처럼
바람 같은 붓 터치에 떨리는 손끝마다
솔향기 묻어나와 은은히 배어들다
온몸에 휘감기는 전율 일필휘지를 꿈꾸며.

김진희 1997년 경남신문 신춘문예 당선. 시조집 《내 마음의 낙관》

바람꽃

| 김 차 순

어김없이 계절병이
또, 도지나 보다

반기지 않아도
문 열어 주지 않아도

소슬한 꽃샘바람이
죽비를 내려친다

수식어 필요 없는
길 하나 차려놓고

내 삶의 간이역,
기적도 끌고 가는

신명 난 물새 떼처럼
겨울 햇살 베어 문다

김차순 2001년 《시조문학》 신인상

대보름달 이르시기를

| 김 춘 기

세수로 단장하여 밤 이고 가는 나를
게제한 눈을 떠서 쳐다보는 사람들도
제 누덕 닦지 않고도 밝다 않다 하신다.

김춘기 1991년 《현대문학》 신인상

용담화

| 김 형 진

호젓한 산길 홀로
묵상으로 걷다가

모퉁이 돌아설 때
문득 만난 기꺼움에

보랏빛 그리움 하나
막힌 가슴 열었소

진한 향 미치는 곳
온 세상은 아니래도

반가이 맞는 이가
열 손가락 안內일지라도

소박한 그대 자태에
눈웃음이 피었소

낮에는 미소 지어
객客의 수심愁心 덜어주고

밤이면 더운 가슴
홀로 삭인 아쉬움을

내리는 찬 이슬에다
달래보는 그대 시름

김형진 1983년 《시조문학》 천료. 시조집 《생활속의 노래》 외 2권, 산문집 《그리운 그때 그시절》 외 1권

목백일홍

| 리 영 성

백일 피는 꽃이 있나 피고 지고 이어 피지
한여름 무더위 속 보낼 수 없는 사랑
작으나 붉은빛으로 가지 끝에 수繡를 놓네

초가을 달 뜨는 밤 그대 나를 생각 말게
식은 마음 달구려면 찬바람 좀 쐬어야지
백일홍 꽃이 진 뜰에 서 휘파람이 불고 싶다

리영성 1967년 《사조문학》 천료

사모곡思母曲

| 리 창 근

어머니!
불러도
메아리만 허공 젓고
아쉬운 이름 하나
주인 잃은 그 아픔
싸늘한
겨울이 되어
돌아오는 그 이름

어머닌 그림자도
이제는 볼 수 없고
집 뜰을 쓸고 가는
겨울의 칼바람
나목 된
벌거숭이를
이젠 누가 감싸 안나

멈춰버린

벽시계

세월은 말이 없고

양지녘 석축 사이

돋아난 제비꽃

돌아올

봄 기다리는

절절한 그 그리움

리창근 1993년 《현대시조》 및 《시조문학》 등단. 시조집 《시인詩人》 《당신》 《저 강물 흘러서》 외 다수

신발에게

| 박 성 임

철없이 밟고 선 길 마주하기 민망하다
그때는 몰랐다 네 뒤축이 눈물인 것을
검붉은 바람 속에서
연소되는 목숨인 것을

경사로 비뚤어진 허공을 밟고 서서
어물쩡 써내려간 내 인생의 자서전
평생을 함께 살면서도 정말 너를 몰랐다

아리고 결린 시간 가슴으로 쓸어주고
위기의 아슬한 길 끝까지 동행하며
이제는 되갚아 주리
내가 너를 업어주리

일어나자 피멍의 얼룩을 걷어내고
청아한 백자로 태어날 그날까지
업연의 사무친 빗살 풀어낼 그날까지

박성임 1991년《시조문학》2회 천료. 시조집《바다가 있는 풍경》《구절초 닮은 그대》

바다와 도요새

| 백 순 금

옛 동무들 다 떠나간 고향 찾은 도요새
산그늘 소리 없이 내려오는 저물녘에
뻘밭을 낮은 포복으로 쉼 없이 기어온다
발이 물에 젖는지도 모르는 저 도요새
굴절된 시간들을 앞으로 끌어당겨
짠물에 부리를 씻고 먼 하늘을 응시한다
굶주린 배 채우려 재빨리 몸 옮길 때
집 떠난 밀물들이 뭍을 향해 걸어오고
바다는 제 살을 다 내주며 도요새를 키운다

백순금 1999년 《자유문학》 등단. 시조집 《세상의 모든 것은 배꼽이 있다》

호수

| 백종흠

진종일 삼은 길쌈
사려 담은 광주리에

잊은 듯 다둑여 온
명치 밑 물빛 사연

산자락
송두리째 안아도
넘쳐나는
그리움.

백종흠 1991년 《현대시조》 신인상

주남저수지

| 서 석 조

물은
이제 항거한다
모든 길
얼려 물고

철새 몇 날아들며
적막을 헤집을 뿐

수문도
빗장에 질려
요지부동 녹슬었다

흐르기만
하였으랴
부림만
당하였으랴

날개 접어 순명하는
뭇 생령의 이 종착지

보송한

버들개지에

노을빛이 스민다

서석조 2004년 《시조세계》 신인상. 시조집 《매화를 노래함》 《바람의 기미를 캐다》

상강 무렵

| 서 성 자

반쯤 썩은 늙은 호박
밑을 도려냈다
서리 앉은 골을 따라
물러진 아랫도리

한때는
피와 살의 일로
뜨거웠을 길이 깊다

자궁을 들어냈다며 그녀가 웃는다
밤새 산을 굴러 온 단풍물 소리로

몸 한쪽
흐적흐적 지우는
그믐달
눈이 붉다

서성자 2002년 경남신문 신춘문예, 《시조시학》 신인상

병산 우체국

| 서 일 옥

이름 곱고 담도 낮은 병산 우체국은

해변길 걸어서 탱자 울을 지나서

꼭 전할 비밀 생기면

몰래 문 열고 싶은 곳

어제는 비 내리고 바람 살푼 불더니

햇살 받은 우체통이 칸나처럼 피어 있다

누구의 애틋한 사연이

저 속에서 익고 있을까

서일옥 1990년 경남신문 신춘문예 당선. 시조집 《영화스케치》《그늘의 무늬》《숲에서 자는 바람》

초승달

| 석 성 환

노오란 부메랑이
구름 속을 날고 있네

여백을 물들이며
어,
산을
넘어가네

어릴 적
날리어 보낸
구부러진
꿈 하나

석성환 2003년 《한국문인》 등단. 시조집 《모래시계》, 저서 《한국 현대시의 현상적 미학》《禪時調에 나타난 空과 不二》

집

| 성 정 현

어느새 칠순 넘어

출입마저 불편하신

아낌없이 주어버려

가지만 남은 단감나무

오늘도

문 잠그는 소리에

"밥은 묵고 다니나"

성정현 2006년 《경남문학》 신인상으로 등단

부레옥잠이 핀다

| 손 영 희

1.
그 여자, 한 번도 수태하지 못한 여자
한 번도 가슴을 내놓은 적 없는 여자
탕에서, 돌아앉아 오래
음부만 씻는 여자.

어디로 난 길을 더듬어 왔을까.
등을 밀면 남루한 길 하나가 밀려온다
복지원 마당을 서성이는
뼈와 가죽뿐인 시간들.

2.
부레옥잠이 꽃대를 밀어 올리는 아침
물속의 여자가 여행을 떠난다
보송한 가슴을 가진 여자
잠행을 꿈꾸던 여자.

푸른 잠옷을 수의처럼 걸쳐 입고
제 몸속 생의 오독을 키우던 그 여자
누군가 딛고 일어서는
기우뚱한 생의 뿌리.

손영희 2003년 매일신문 신춘문예, 《열린시학》 등단. 시집 《불룩한 의자》 《소금박물관》

제주여행

| 신 애 리

성산포 해변에서
꽃동백을 주우면

검붉은 입술 속에
노랗게 솟은 오름

바람을 등에다 업고
하나, 둘 따라온다.

신애리 2006년《시조월드》신인상

자목련

| 오 영 민

겨울 비운

장경각

고즈넉한 내 뜨락에

한 줄의 경전 같은 자목련이 피고 있다

만행을

떠났던 봄빛이

밀밭 건너 오고 있다

오영민 2010년 국제신문 신춘문예 등단

반성문

| 옥 영 숙

탱자나무 울타리에 보름달이 걸렸습니다

아무도 모르게

금이 간 접시처럼

둥글게 살지 못한 마음을 울리고 지나갑니다

옥영숙 2000년 《매일신문》 신춘문예 당선. 시집 《사라진 詩》

누가 별을 향해 걸어간다

| 우 은 진

사막에서 찬바람이 불어오는 어둔 밤
한 사람의 더운 숨이 조금씩 옅어진다
거대한 모래무덤 하나가 머리맡에 쌓인다

무거워진 낡은 몸은 껍데기일 뿐이야
눈동자 속 별무리가 먼 하늘로 건너간다
단숨에 저 높이까지 오르는 비행법을 아는지

여행자는 시간을 횡단하고 돌아간다
침상에 누운 채로 소혹성에 닿는 당신
잠잠한 우주 가운데
한 점 빛이
반짝, 뜬다

우은진 2005년 《경남문학》 신인상으로 등단

만종晩鐘

—밀레 앞에서

| 우 홍 순

대지에 땅거미가 다소곳 젖어들면
일손을 모아잡고 하늘로 올린 정성
저녁 종
지축에 내려
경건하게 멈췄다.

하늘도 숨이 멎을 엄숙한 저 기도로
한 삶을 갈아내는 말보다 진한 몸짓
종소리
땀에 젖었다
노을보다 뜨거웠다.

우홍순 1993년 《문예한국》 신인상, 1994년 《시조문학》 추천. 시조집 《연하장》외 4권

뿌리가 이상하다

| 윤 정 란

비쩍 마른 풀잎 사이로 길을 트는 빗방울
촉촉히 스며드는 골다공증 흙에도
사랑의 붓촉을 가는 수상한 비가 온다

봄 여름 지샌 풀은 풀벌레 노래 위해
해와 별을 문질러 땅심을 높였으리
내 안에 꿈틀대는 풀, 뿌리가 이상하다

하늘에다 벼리던 호미를 찾아들면
티눈으로 불거지는 진초록 언어들이
무지개 비를 품으며 강으로 뛰어든다

윤정란 1983년 《시조문학》 등단. 시조집 《푸른별로 눈뜬다면》 《꽃물이 스며들어》

실 밥

| 이 동 배

내 낡은 세타에 실밥이 터졌네.
자꾸만 생각나는 그 시절 때문이야
아직도
말짱한 옷을
버리지도 못하곤

내 생애 진물이 담긴 짓궂은 허울들이
함께하는 것들이, 슬며시 닳아가는데
떨어진
잎새 하나도
주워 들곤 아리다.

함께했던 일들이 낡아서 스러지는데
방황하는 슬픔들이 바람처럼 떠돌다가
야위는
이 그리움을
어쩌란 말인가?

이동배 1996년 계간 《현대시조》 신인상. 시조집 《합천호 맑은 물에 얼굴 씻는 달을 보게》 《흔적》

선을 그리고

| 이 두 애

갈대는 고개 숙여 생각에 잠긴다

오리도 동그라미 하루 종일 그리며

빙판 위 굽은 실루엣 둥근 이유 알겠다

허공에 날아오른 철새들 춤사위도

굴뚝이 내뿜는 희디흰 포물선도

모두들 곡선 그리는 건 살아가는 신호다

이두애 2012년 《시조시학》 등단. 산문집 《흑백추억》 외 2권

아픈 당신

| 이 숙 자

노오란 은행잎 빠알간 코스모스
무늬를 속 깊이 감추는 키위 열매
마음의 아픔을 다독이면서 다가가는 월정사

가을이 절정인 산사 속 달콤한 향기
노란 단풍 부처님 옷 장식하고
계곡을 따라 흐르는 물길 막힌 가슴 툭 트이고.

평생의 짝을 병상에 눕혀놓고
전나무 숲길 따라 산길을 오르면
아픈 맘 어쩔 수 없어 맑은 향기도 돌아간다.

이숙자 1991년 《문학세계》 신인상. 시조집 《강물처럼》 《침묵의 휘장을 들추며》, 교육에세이 《아픔 +시간=아름다움》

나비

| 이영탁

꺾여볼 만큼 꺾여 봐야 일어서는 자존심
누군가는 그것을 뒤축이라 하지만
제대로 허리를 꺾는 꼿꼿한 발레리나

끌려볼 만큼 끌려봐야 만나는 깊은 낮음
부르튼 마음은 오체투지로 꿈꾸고
살집이 벌어져야만 날아오르는 신발의 꿈

이영탁 2007년 《경남문학》 신인상

안 경

| 이 우 걸

껴도 희미하고 안 껴도 희미하다

초점이 너무 많아

초점 잡기 어려운 세상

차라리 눈 감고 보면

더 선명한

얼굴이 있다

이우걸 1973년 《현대시학》 등단. 시집 《저녁이미지》 《아직도 거기 있다》 외

생 명

| 이 정 숙

한솥밥을 먹어야만 혈육 되는 건 아니다
동래산성 옛집 돌담을 사이에 두고
두 그루 은행나무는 이웃하면서 살았다.

혈육처럼 살았다 눈보라 견디면서
혼자서 건널 수 없는 봄밤을 서로 나누며
이 가을 튼실한 열매를 푸른 하늘에 매달았다.

이정숙 2007년 《한맥문학》 등단

남강 근처

| 이 정 홍

가만히 눈을 뜨고 촉석루를 쳐다본다.
슬픈 비사秘史 가리듯이 내려앉는 산 그림자
피 묻은 의암 언저리 비봉산도 다가선다.

밤의 뒷문 소리 없이 잠긴 빗장 설핏 풀어
강물 위엔 수천 불빛 비늘처럼 일어나서
금물결, 논개가 끼던 가락지로 반짝인다.

나의 살, 나의 뼈에도 눈물겨운 말이 돋고
그토록 오랜 세월 불씨 안고 지켜온 성
임진년 그 장렬함이 이끼처럼 돋아난다.

제 가슴 회초리 치는 저 강물 소리 아득하다.
무희의 흔들리던 손대 끝 댓잎처럼
귀 닳은 역사책 속의 밤바람이 차갑다.

이정홍 2009년 경남신문 신춘문예 당선. 시집 《허천뱅이별의 밤》

흑우黑牛

| 이 처 기

붉은 망토 같은 깃발이 휘달린다

초원에 뚝뚝 지는 검은 피의 전설,

휘젓는 거친 발밑에 풀잎이 쓰러진다

업장을 짊어지고 뚜벅뚜벅 걸은 날들

가끔 토하는 목청 얼음처럼 차갑지만

순하디, 순한 눈망울

푸른 하늘 가득하다

이처기 1989년 《현대시조》 신인상, 1990년 《시조문학》 천료. 시조집 《평양면옥》 《화진포 연가》 《장엄한 절정》 등

살구나무죽비

| 임 성 구

무쇠 같은 하루가 노을에 닿는 시간
시퍼런 몸에 감춰진 찌든 먼지 털어낸다

속 비운
살구나무죽비
내 등에서 꽃 핀다

꽉 막힌 혈전들이 녹아내리는 몸속 행간
천 년 전 바람 냄새 스멀스멀 배어들면

그 봄을
기억하는 살구
몸의 터널 환하다

임성구 1994년 《현대시조》 등단. 시집 《오랜 시간 골목에 서 있었다》 《살구나무죽비》 등

내세를 꿈꾸며

| 장　　재

작은 열매 잉태까지 아름다움 피우리라

그 열매 영글 때까지 굵은 땀도 흘리리다

그리고 한줌 흙으로 돌아가서 쉬리라

장재 1993년 《조선문학》 신인상. 시조집 《먹갈로 쓴 목수일기》 《그 남자의 다락방》

강가에서

| 정 강 혜

무심코 구른 돌에
산 그림자 울고 있다
좌표 잃은 포물선은 부초 곁에 부서지고
무채색 서양화 한 폭
허상으로 걸렸다

우리 웃음 떠난 유역 깃발 쳐든 바람 소리
참대 숲에 몸을 푸는 햇살 한 줌 빌려와서
청태 낀 바위 기슭에서
고운 신화 엮는다

아린 목젖 누르고
물빛처럼 살 일이다
순리의 종이 되어 나직이 흐르면서
너와 나 슬픈 아우성
귀를 열고 듣자 우리

정강혜 1990년 《시조문학》 천료. 시조집 《치자꽃 향기》 《마음의 길을 따라서》

겨울 산

| 정 영 도

1

낡은 뒤축으로 지탱해온 나날들
그 쉼을 위해 오늘은 산으로 가고
눈 속에
노쇠한 육신
낮 뜨거움 묻고 있다.

2

다 털어내고 야위어진 가슴에
차고 넘치는 열정은 끓어올라
겨울 산
밤잠을 설쳐
눈가에 안개 젖는다

정영도 2000년 《시조문학》 신인상 등단. 시조집 《말하지 않아도 좋을》

입춘立春

| 정 현 대

찬바람 날 세울 때 마음속에 봄을 세워
이제는 꽃밭을 일궈 새봄을 준비할까
겨우내
움츠리다 만
손발을 부비면서.

옷깃을 여미고 반짝이는 햇살을 본다
여러 빛깔 문양으로 떠오르는 삶의 모습
청매화
은은한 향기
바람 타고 다가오고.

정현대 1992년 《현대시조》 등단. 시집 《山河여. 나의 山河여》 《새벽의 빛깔》, 《낯설음 속의 낯익음》

길

| 제 민 숙

가다가 돌아보면 터널처럼 지나온 길
좋은 날 싫은 날이 앞서거니 뒤서거니
맨발로
줄지어 서서
차례를 기다린다.

물기 젖어 허물어진 생의 가장자리에
조심스레 풀어놓은 부르튼 시간 위로
하얗게
놓친 꿈들이
대기표를 쥐고 섰다.

제민숙 1999년《자유문학》신인상 등단

숲길을 걸으며

| 조 계 자

아침나절 산책길 콧노래가 절로 난다
길섶의 작은 꽃도 이슬 함께 방긋 웃고
휘파람 높은 음절이 어디선가 들려온다

떡갈나무 숲을 지나 청솔 냄새 나는데
발걸음 멈추고서 사방을 둘러봐도
귀밑을 붉히고 서서 기다려도 보는데

설레는 마음 하나 날 희롱할 님이기를
품속 깊이 붉은 꽃 한 송이를 꺼내든 날
꿈같이 행복한 마음 하늘빛도 고와라.

조계자 2002년 《시조문학》 등단. 시집 《별 좋은 창가에서》

사랑, 그 너머에

| 조 현 술

허공에 던져보는 의식의 포충망엔
피로한 추억들이 허적대다 길을 묻고
쫓겨난 오선지 음표 건반 위에 칭얼댄다

저항의 목소리에 절뚝이는 메아리들
첫사랑 언약들을 붉은 줄로 고쳐가며
그날의 발자국들을 하나둘씩 지워간다

이제는 너와 나의 갈림길 방정식을
서로의 눈빛 속에 가슴 죄어 읽어가면
흩어진 표백된 언약 가지마다 젖어온다

조현술 1995년 《현대시조》 천료. 시조집 《어머니의 기도》

농부의 일과

| 최 강 렬

조식을 먹고서야 낫의 날을 세운다

동네를 걸어라 조무래기들 아침인사
논밭에 도착하여 담배 피고 하늘 보고
밭에는 풀이 많고 논에는 물관리 어려워
관개수로 인수하고 아랫논에 물을 대고
정오가 되어서야 그늘로 찾아드네

오늘은 오찬 국수가 별참 되어 좋구나

최강렬 2003년 《문예사조》 신인상. 수필집 2권, 시조집 2권

내 마음의 들꽃

| 최 재 섭

설레는 가슴 사이 사뿐히 날려 온 불씨
또 하나 하늘 일궈 불꽃으로 눈을 뜬다
가버린 고운 이름들 별빛 환한 웃음 달고

내 심연 망각의 강물 바닥까지 퍼 올려선
마음 한켠 일군 텃밭 유년 키운 왕국이었네
다가와 깨달음으로 피는 간밤 꿈은 풀잎 미소

바람이 비늘 달고 은빛 날개 반짝이는 날
이 시대의 울림 펴갈 새 한 마리 날아오면
금선琴線 위 파르르 떠는 길 밝히는 등불 하나

풀꽃에 찍힌 화인火印 쌓여가는 세월의 무게
흩뿌려 돋는 생각들 아픔 머문 뜨락 지켜
한 포기 들꽃으로 서서 떨고 있는 목숨이여.

최재섭 1990년《시조문학》천료, 시조문학 천료작품집《네 계절의 노래》
시조집《다섯 계절의 노래》

어머니 설법

| 하 순 희

내 몸에 상처진 것들 뜨락에 꽃으로 핀다
발목 걸고 넘어지던 무수한 일들도
생명을 실어나르는 나뭇가지 물관이 되어

"한세상 살다보믄 상처도 꽃인기라
이 앙다물고 견뎌내몬 다 지나가는기라
세상일 어려븐 것이 니 꽃피게 하는기라

그라모 니도 모르게 다아 나사서
더께져 아물어진 헌디가 보일기다
마당가 매화꽃처럼 웃을 날이 있을기다"

하순희 1989년 《시조문학》 천료, 1991년 경남신문 · 1992년 서울신문 신춘문예 당선. 시조집 《별 하나를 기다리며》 《적멸을 꿈꾸며》

빈 잔

| 홍 진 기

언제나 내 곁에는 빈 잔이 놓여 있다

가진 것 모두 담아도
차지 않는 이 잔을

단숨에
그대로 들면
은회색 허공이 된다

어쩌다 달빛 한 줄기 이 잔을 다녀가고

아내의 콧노래도
가끔은 들르지만

시대의
증언을 풀면
전쟁 같은 물이 고인다

홍진기 1979년 《현대문학》 자유시, 1980년 《시조문학》 시조 각 천료.
작품집 《거울》 《빈잔》 등 6권

네일 아트

| 황 영 숙

금이 간 손톱으로 밤낮 없이 벗기셨다

한 움큼 고구마 줄기 명줄처럼 붙잡고

자줏빛 천연 염색을 한

울 어머니 네일 아트

황영숙 2011년 《유심》 《경남문학》 신인상

꽃피고 꽃진 자리

경남문학 자선대표 시선집

동시

children's poem

바람은 나만 빼놓고

| 김 재 순

바람이
무슨 얘기 들려줬을까?
풀잎들, 마주 보며 웃고
허리가 꼬부라지도록 웃네.

속잎의
보일락 말락 하는 귀도
다 알아듣는 얘기
내 큰 귀는 왜 못 알아듣는가?

크면 잘 듣는 것처럼
있으면 다 듣는 것처럼
깔깔깔 웃었더니

바람은 나만 빼놓고
온 들판 키 작은 꽃들에게
재미난 이야기 다 들려줬나 봐.

김재순 1977년 《교육자료》, 1991년 《아동문예》 등단. 동시집 《바람은 나만 빼놓고》 《햇별 사용료》 《봄비 지우개》 등

강에서

| 김 용 웅

강에는
강에는
또 하나의
길이 보인다.

지금
나는 앞으로
더 나아갈 수 없어도

졸졸졸 흐르는
강을 보면
길이 보인다.

친구가 없어
심심할 때면

먼저 속삭이며
친구하자고

바위틈으로
파란 손 내미는 것을

강에서
강에서
또 하나의
길을 배운다.

김용웅 1984년 《아동문학평론》 등단. 동시집 《종이비행기의 꿈》

창 문

| 김 철 민

새로 바른 창호지
햇볕에 말려

손톱으로 튀기면
피아노 소리

창문을 열면
'탱 탱 탱'
하늘은 새 맑다

김철민 1990년 《아동문학연구》 등단. 동시집 《고향길》 《별과 등대와 꽃편지》 《소꿉장난과 얼굴 웃음》

봄 바다

| 동심철수

겨우내 작은 밧줄에 묶여있던 소망이
따뜻한 햇살과 함께 바다로 달리고 있다.

기다림을 재촉하는 동백꽃 빨간 꽃잎
봄날의 설렘 속에 바다로 달리고 있다.

하얀 물보라로 별빛 달빛 부르는
벚나무 하얀 꽃비 마중하는 봄 바다

동심철수 2005년 《문학공간》 동시 신인상

콩

| 류 경 일

엄마와 함께 벌레 먹은 콩을 고른다
가끔 손을 빠져나간 콩들이
식탁 밑으로 떨어져
마룻바닥을 뛰어간다

콩

콩

콩

콩

아무렇게나 뛰는 것 같은데
콩은
한 걸음 뛰는데도
자기 이름을 건다.

류경일 2004년 매일신문 신춘문예 당선. 동시집 《바퀴 달린 집》

풍경
—여름밤

| 설 복 도

저녁노을이 수박 속처럼 익었습니다.
아이들 초롱한 눈빛이 파아란 별빛을 머금고
개구리는 여름밤을 재촉합니다.

바람 따라 먹구름은 하늘가를 노 저어 가고
번갯불이 수박을 다듬는 엄마 손끝에서
칼질을 합니다.

어느새 소나기 한줄기
아이들 환한 입가에 다가와
후루룩 후루룩 노을을 삼키고 있습니다.

설복도 《문학공간》 신인상

새해란

| 이 경 숙

새해란?
달력 바꾸는 날.

빳빳하게 깃 세운
새 달력
후줄근 힘 빠진
헌 달력
자리 바꾸는 날

어제같이
똑같이 해가 뜨고
어제같이
똑같이 해가 져도

뭔가 새로운
희망 열매 하나
가슴에 달아 두고
키우고 싶은 날
설레는 날.

이경숙 1992년 《아동문예》 작품상으로 등단

새로 난 길

| 이 창 규

첫 번째
발자국이
앞서서 나아간다.

두 번째
발자국이
길 잃을까봐
졸졸 따라간다.

세 번째
발자국이
포개어져서
새로 난 길이다.

내가 만든 길
개척자 되어
어깨가 우쭐거린다.

이창규 1978년 《아동문예》 문학상 천료. 동시집 《열두 달 크는 나무》, 동화집 《꽃씨의 여행》

내 친구가 졌다

| 최 영 인

작년엔
놀이터 곁
미루나무 키가
제일 컸는데

올해는 졌다
우리 동네 새로 생긴
높다란 아파트한테

작년엔
뒷산에 보름달이
최고 밝았는데

올해는 졌다
번쩍번쩍
아파트상가
요란한 불빛한테

최영인 1991년 경남신문 신춘문예 당선. 동시집 《노란 딸기》《외갓집 가는 기차》

경남문학 자선대표 시선집

꽃피고 꽃진자리

발행일 | 2015년 10월 23일
발행인 겸 편집인 | 김연동
발행처 | 경상남도문인협회 http://cafe.daum.net/gnmuninhep

선고위원장 | 김복근
선 고 위 원 | 배한봉 김진희 류경일
사 무 처 | 창원시 진해구 진해대로 311 경남문학관 내
사무처장 | 성정현 010-5203-3203
사무차장 | 김용권 이희경
사무간사 | 김종영 오영민

제작보급처 | 도서출판 경남
창원시 마산합포구 몽고정길 2-1
이 메 일 | gnbook@empas.com
전화번호 | (055) 245-8818, 8819
전 송 | (055) 223-4343
출판등록 | 제567-1호(1985. 5. 6.)

ISBN 978-89-7675-009-9-03810

* 이 책은 한국문화예술위원회 경상남도 경남문화예술진흥원에서
발간비의 일부를 지원받았습니다.

〈값 13,000원〉